Joachim Zeller

Bilderschule der Herrenmenschen

Joachim Zeller

Bilderschule der Herrenmenschen

Koloniale Reklamesammelbilder

Ch. Links Verlag, Berlin

Ch. Links

Die Deutsche Nationalbibliothek verzeichnet diese
Publikation in der Deutschen Nationalbibliografie;
detaillierte bibliografische Daten sind im Internet über
http://dnb.d-nb.de abrufbar.

1. Auflage, Oktober 2008

Schönhauser Allee 36, 10435 Berlin, Tel.: (030) 44 02 32-0
Internet: www.linksverlag.de; mail@linksverlag.de
Umschlaggestaltung: KahaneDesign, Berlin
unter Verwendung von Reklamesammelbildern
aus den Sammlungen von Willi Goffart und Detlef Kupgisch
Gestaltung und Satz: Bild1Druck, Berlin
Druck und Bindung: Ludwig Auer GmbH, Donauwörth

ISBN 978-3-86153-499-0

Inhalt

Vorwort

Drollige »Mohrenkinder«, »Eingeborene« mit Lendenschurz beim »Stammestanz«, kaum bekleidete Südseeschönheiten, »wilde Krieger«, »edle Wilde«, »treue Askari«, Entdeckungsreisende, »große Kolonialpioniere«, »tapfere Schutztruppensoldaten« oder der »weiße Mann« im Tropenanzug – diese und andere Figuren bevölkern die Welt der kolonialen Reklamesammelbilder. Im Zeitalter des Hochimperialismus, also gegen Ende des 19., Anfang des 20. Jahrhunderts, nutzte die aufstrebende Werbebranche die dem Kolonialismus entlehnten Motive als Blickfang, um bei der Kundschaft die Kauflust zu entfachen, aber auch um imperialen Nationalstolz, erotische Faszination oder Gelächter zu erzeugen.

Den immer noch zahlreich im Umlauf befindlichen kolonialhistorischen Sammelbildchen ist entgegen ihren auf den ersten Blick so trivial wie naiv anmutenden Darstellungen alles andere als ideologisch-politische Harmlosigkeit zu attestieren. Mit ihnen lässt sich die weitreichende Durchdringung von Kolonialismus und populärer Massenkultur belegen. Mit ihrer spezifischen Ästhetik bagatellisieren sie den Kolonialismus und lassen ihn in geradezu fataler Weise als etwas Antiquiert-exotisches und irgendwie Niedliches erscheinen. Zusammen mit anderen Bildgenres trugen sie zur Herausbildung und Überlieferung historisch gewachsener und größtenteils bis heute im (Bild-)Gedächtnis der Menschen haftender Stereotype des Fremden bei. Eigentlich ist es selbstverständlich und soll hier doch nicht unerwähnt bleiben: Bei allen in diesem Buch versammelten Bilddokumenten handelt es sich um Produkte europäischer Imaginationen, um die von Klischees geprägten Projektionen und Phantasien des »weißen Mannes«. Es sind einseitige Geschichts*bilder,* in denen der Andere nicht zu Wort kommt – oder besser gesagt: in denen er sich nicht ins rechte Bild setzen konnte.

Im Zentrum des vorliegenden Buches steht das Afrika-Bild (bzw. das Bild von Menschen afrikanischer Herkunft), das ohne den kolonialhistorischen Hintergrund unverständlich bleiben muss. Wie schon zuvor im Zuge der Sklaverei, so schufen die Europäer zur Rechtfertigung ihrer Kolonialexpansion auf dem »dunklen Kontinent« den Rassismus, der im weiteren Verlauf der Geschichte wissenschaftlich verbrämt wurde. Der Rassismus – und mit ihm das Zerrbild vom »schwarzen Untermenschen« – ging also dem Sklavenhandel und dem Kolonialismus nicht voraus, sondern er war eine Folge davon. Die Kolonialsammelbildchen vermitteln einen Eindruck von diesem hegemonial besetzten Bild des – vermeintlich – »rassisch anderen« Schwarzen, dem seine Bildwürdigkeit im Kolonialzeitalter weitgehend nur als Subalterner zugesprochen wurde. Abgesehen von der Erfindung und Inszenierung von »Rasse«, dokumentieren die Sammelbilder etwas von den globalen Raumbemächtigungswünschen der Kolonialmächte und spiegeln das Wechselspiel zwischen Imperialismus und Nationalismus wider.

Die einst auch hierzulande populären Kolonialbildchen einer interessierten Öffentlichkeit vorzustellen ist nicht zuletzt dadurch motiviert, dem in Deutschland immer noch weit verbreiteten kolonialen Gedächtnisschwund entgegenzuwirken. Denn viel zu lange bestand – selbst in Wissenschaftskreisen – die Tendenz, die Kolonialgeschichte gar nicht oder nur als Fußnote der deutschen Geschichte zur Kenntnis zu nehmen. Erst in den vergangenen Jahren setzte eine kritische Auseinandersetzung mit dem Kolonialismus ein, was die Beschäftigung mit den

kolonialen Verbrechen als einer »unerledigten Angelegenheit« (Wole Soyinka) einschließt.
Die im Zuge der *postcolonial studies* erschienenen Studien haben zudem deutlich gemacht, dass der Kolonialismus keine »Einbahnstraße« war, sondern als gegenläufiger Prozess zu verstehen ist. Und so werden in der neueren Forschung »Metropole« und Kolonie innerhalb eines gemeinsamen analytischen Feldes in den Blick genommen, um dessen Auswirkungen nicht nur auf die kolonisierten Völker, sondern ebenso auf die kolonisierenden Mächte zu untersuchen. Letzteres folgt der Erkenntnis, dass Europa in nicht unerheblichem Maße »durch seine imperialen Projekte gemacht« (Ann-Laura Stoler/Frederick Cooper) wurde. Im Mittelpunkt der gegenwärtigen Debatte stehen dabei weniger der politisch-militärische Kolonialismus oder die Kolonialökonomie, sondern vor allem kultur- und mentalitätsgeschichtliche Aspekte. Welche Spuren das Kolonialzeitalter in der Kultur der Metropolen – oder anders formuliert, im historischen (Bild-)Wissen und damit den Mentalitäten der Gesellschaften Europas – hinterlassen hat, dazu können die kolonialen Bildproduktionen wichtige Aufschlüsse liefern ebenso wie die exotistischen, die am Fremden das vermeintlich Exotische bzw. das zum Exotischen Gemachte hervorheben.
An solche Überlegungen anschließend, will dieses Buch der Frage nachgehen, wie die Jahrhunderte währende Kolonialherrschaft der Europäer gleichsam *bebildert* wurde. Aus diesem Grund wird der Fokus nicht, wie sonst üblich, auf Textquellen, sondern auf bisher vernachlässigte historische Bildquellen gerichtet, und zwar auf die kolonialen Bilderwelten, wie sie sich im Spiegel der Reklamesammelbilder darbieten. Zu diesem Zweck erfolgte eine repräsentative Auswahl von kolonialen und exotistischen Bildern, die zentrale Motive dieses Bildgenres präsentiert. Dabei wurden vor allem deutschsprachige Sammelbilder berücksichtigt, die in den Jahrzehnten vor und nach dem Ersten Weltkrieg in Umlauf waren.
Zur hier verwendeten Terminologie sei noch Folgendes angemerkt: Wer über Kolonialgeschichte spricht oder schreibt, ist mit einer Begrifflichkeit konfrontiert, die heutzutage offen diskriminierend wirkt und deshalb gänzlich obsolet geworden ist. Begriffe wie »Eingeborene«, »Neger«, »Mohr« oder »Stamm« müssen aus ihrem entstehungsgeschichtlichen Kontext im Kolonisierungsprozess verstanden werden und sind wegen ihrer abfälligen und eurozentristischen Konnotationen allenfalls noch in Anführungszeichen zitierbar. Stattdessen ist von Afrikanern, Schwarzen, Völkern, Gesellschaften bzw. von Europäern, Weißen etc. die Rede. Allerdings sind auch Bezeichnungen wie »Schwarze« oder »Weiße«, obwohl heute als wertneutral akzeptiert, letztlich nur Sprachkrücken, die den komplexen sozialen und kulturellen Realitäten, in denen wir Menschen leben, nicht gerecht werden.
Dass dieses Buch überhaupt zustande kommen konnte, ist dem Sammler Willi Goffart zu verdanken. Er gestattete mir in großzügiger Weise, seine Kollektion von Reklamesammelbildern einsehen und Bilddokumente für den vorliegenden Band auswählen zu dürfen. Deshalb soll dieses Buch auch ihm gewidmet sein. Die Würdigung gilt damit einem Privatsammler, der mit großer Leidenschaft in jahrzehntelanger Arbeit eine kulturgeschichtlich bedeutende Sammlung zusammengetragen hat, wie sie in den Beständen öffentlicher Museen nur schwer zu finden sein dürfte.
Einige Reklamesammelbilder stellten auch Volker Ilgen, Detlef Kupgisch und Ursula Trüper zur Verfügung, denen ich ebenfalls danke. Annette Gnidowski danke ich für die Erstellung der Bildvorlagen, Antje-Catrin Jäckel und Birgit Perseke für Satz und Bildbearbeitung, Dirk Gerecke und Stephan Lahrem für die unendliche Geduld bei der Gestaltung dieses Buches.

Einführung – Koloniale Bildwelten im Kleinformat

»L'origine de diverses colonies. Allemagne – Afrique orientale. Les Allemands prennent possession du territoire de l' Est Africain«, Liebig Company's Fleisch-Extract, um 1922/23.

»Die Deutschen ergreifen Besitz von ostafrikanischem Territorium«. Das um 1922/23 erschienene Reklamesammelbildchen der Firma Liebig stammt aus der Serie »Koloniengründungen«.[1] Außer der Produktverpackung von Liebigs Fleischextract ist eine in bunten Farben gehaltene tropische Landschaft mit einem Meer zu sehen, umsäumt von Palmen und Bergen. Das Bild zeigt links eine Gruppe von Weißen mit Tropenanzug und Gewehren und rechts die »Anderen«: Schwarze mit prächtigem Federschmuck, Lendenschurz, Speeren und Schilden; im Hintergrund sind weitere Afrikaner zu erkennen, darunter eine Frau, die eine Bananenstaude trägt. Die Aufschrift auf der Vorder- und Rückseite belehrt den Betrachter über den historischen Hintergrund, nämlich den »Erwerb« der Kolonie Deutsch-Ostafrika (heute Tansania) durch Carl Peters auf dessen sogenannter Usagara-Expedition Ende des Jahres 1884.

Das Sammelbild präsentiert die »koloniale Begegnung« in geradezu klassischer Weise: Hier der »weiße Mann«, der nicht nur als Entdeckungsreisender, sondern als Eroberer und selbsternannter Träger einer Zivilisationsmis-

sion in einen fremden Kontinent kommt und seine Ansprüche auf Vorherrschaft auf möglichst große Gebiete anmeldet. Dort die Schwarzen, die exotisch anmutenden »Eingeborenen«, die »Wilden«, die wie ihr Land nunmehr vor dem Zugriff der Weißen nicht mehr sicher sind.
Das Aufeinandertreffen zwischen der Expedition von Carl Peters und den Einheimischen an der afrikanischen Ostküste hat sich mit Sicherheit nicht so zugetragen, wie auf diesem Bild dargestellt. Zunächst dürfte die Kleidung eine andere gewesen sein. Die Afrikaner auf dem Sammelbild erinnern in ihrer Aufmachung an Massai oder Gogo, mit denen die Deutschen nie verhandelt, sondern die sie im weiteren Verlauf der Kolonisation gewaltsam verdrängt haben. Zu vermuten ist, dass die Afrikaner eher die an der Küstenregion eingeführte, arabisch beeinflusste Swahili-Kleidung getragen haben, die auch in der im Landesinneren gelegenen Usagara-Region in jenen Jahren sehr verbreitet war. Sie bestand meist aus einem *kanzu,* einem bis an die Füße reichenden weißen Baumwollhemd, und einem Käppi auf dem Kopf. Jeder *chief* in dieser Region, der auf sich hielt, adaptierte die Kleidung der Küstenhändler. Und Carl Peters? Er muss zu solchen Gelegenheiten ein sehr farbenfrohes Bild abgegeben haben. Um seinem Gegenüber zu imponieren, trug er bisweilen eine gewagte Mischung aus britischen Uniformteilen und dem üblichen Tropenlook.
Nicht abgebildet sind zudem die Dolmetscher und Führer, auf die die Expeditionsteilnehmer angewiesen waren, da sie der geographischen Gegebenheiten unkundig, vor allem aber der Landessprache nicht mächtig waren. Aufgrund der Sprachbarrieren pflegte Carl Peters anlässlich solcher »Vertragsabschlüsse« denn auch pompöse machtheischende Spektakel zu veranstalten. Um sicherzustellen, dass die Afrikaner die Botschaft ihrer neuen Herren auch verstehen, wurde die Inbesitznahme des Landes wie ein koloniales Theaterstück inszeniert. Bei solchen »Aufführungen« wurden Flaggen gehisst, Kanonen abgefeuert oder deutsche Uniformen feierlich übergeben. Schließlich scheint die abgebildete Topographie auf eine Küstenregion zu verweisen, obgleich Usagara im Hinterland des heutigen Tansania, jenseits der Küste des Indischen Ozeans liegt. Ganz offensichtlich mangelte es dem Künstler an genauen Kenntnissen des historischen Ereignisses. Er entsprach mit seiner Zeichnung wohl eher den weitverbreiteten Kolumbus- oder Cortés-Phantasien, mithin geradezu archetypischen Bildern von der spanischen Eroberung Lateinamerikas, und reproduzierte so Vorstellungen, die nicht zuletzt auch bei Carl Peters und seinen Begleitern handlungsleitend gewesen sein dürften.[2]
Des Weiteren fällt ins Auge, dass die koloniale Besitzergreifung als eine friedliche Verhandlungssache dargestellt wird. Ohne Vorbehalte und im gegenseitigen Einvernehmen scheinen die Afrikaner den ihnen angebotenen »Schutzvertrag« zu akzeptieren, was in der Folgezeit nichts anderes bedeutete, als die Verfügungsgewalt über ihr Land an die Weißen abzutreten. Die Bildaussage zielt denn auch in ihrem Kern darauf ab, der Errichtung der kolonialen Fremdherrschaft stillschweigend die höheren Weihen der Legitimation zu verleihen, indem suggeriert

»Christoph Columbus. Erste Landung in der neuen Welt«, Liebig's Fleisch-Extract, 1888.

wird, die weitere Inbesitznahme der Kolonien durch die Europäer sei harmonisch verlaufen. Dabei ist es unstrittig, dass die Jahrhunderte währende neuzeitliche Kolonialpolitik mit einem hohen Maß an Gewalt einherging und der Kolonialimperialismus eine Willkürherrschaft war, charakterisiert durch Disziplinierung, Arbeitszwang bzw. Zwangsarbeit, Enteignung, selektivem Terror bis hin zu Massenmord und Vernichtung in Kolonialkriegen.[3] Nichts davon findet sich in dieser Darstellung, stattdessen tendiert sie dazu, die tiefgehenden Konflikte, die sich aus der Kolonialexpansion ergaben, vergessen zu machen. So vermittelt das Bildbeispiel einen ersten Eindruck davon, wie (Kolonial-)Geschichte mit visuellen Mitteln verharmlost, geschönt und in eurozentristischer Weise uminterpretiert, um nicht zu sagen enthistorisiert wurde. Es zeigt aber auch, wie der »koloniale Blick« des weißen Europa funktionierte, nämlich als eine Geste der Vereinnahmung. Im Kolonialismus lief die Begegnung mit dem Fremden stets auf Enteignung hinaus.

Von solchen kolonialen Bilderwelten soll im Folgenden eingehender die Rede sein, und zwar insoweit, als es sich um Reklamesammelbilder handelt. Mit der Konzentration auf Sammelbilder bleiben hier andere Bildträger der visuellen Massenkultur unberücksichtigt, wie Postkarten, Buch- und Zeitungsillustrationen,

»Von den Carolineninseln, Kopraplantage«, Liebig Company's Fleisch-Extract, nach 1900.

(Presse-) Fotografie, Bilderbogen, Briefmarken, Karikaturen, Witzzeichnungen, Plakate oder die Werbegraphik – abgesehen auch von den »bewegten Bildern«, dem Film, der sich erst in den 20er Jahren des 20. Jahrhunderts zum Massenmedium entwickelte.[4]

Was sind Reklamesammelbilder?

Im späten 19. und frühen 20. Jahrhundert gehörten die in vielen Ländern vertriebenen Sammelbilder der Konsumgüterindustrie zu den am weitesten verbreiteten Medien der visuellen Alltags- und Populärkultur. Sammelbilder sind auf leichtem Karton farbig gedruckte, meist kleinformatige, in Serien erscheinende Bilder, die durch ihre Beschriftung für ein Markenprodukt, ein Unternehmen oder eine Dienstleistung werben.[5]

Die von Firmen oder Kaufleuten (sogenannte Kaufmannsbilder) herausgegebenen Sammelbilder wurden ganz überwiegend Produkten des täglichen Bedarfs beigegeben, darunter Schokolade, (Ersatz-)Kaffe, Kakao, Margarine, Fertigsuppen, Zigaretten, Wasch- und Bleichmittel, Zahnpasta, Schuhcreme oder Bohnerwachs. Neue Drucktechniken wie die Farblithographie (Chromolithographie mit 12 Farben, plus Gold und Silber) und die Druckschnellpressen erlaubten Auflagen in nie da gewesener Höhe. So gab die in Uruguay produzierende Firma Liebig zwischen 1872 und 1940 allein in Deutschland 1138 Serien mit etwa 7000 Bildern im Format 11 mal 7 Zentimeter heraus, die millionenfach vertrieben wurden. Die Kölner Schokoladenfabrik Stollwerck, die ab 1897 die Vermarktungsstrategie mit Sammelbildern erfolgreich aufgriff, brachte um 1900 jährlich mit fast 600 Serien über 50 Millionen Bildchen – und zwar meist kleinere Automatenbildchen – in Umlauf und verkaufte rund 100 000 Sammelalben, je Exemplar mit rund 300 Bildern.

»Deutsche Kolonien. Pangani. Kilima-Ndjaro 3889 m.«, Zuckerin Chemische Fabrik von Heyden (Süßstoffe), Dresden-Radebeul, um 1900.

Die in der Regel als Sechser-Serien herausgegebenen Sammelbilder sind mit einer schier unüberblickbaren Vielfalt von Motiven und Themen auf den Markt gekommen. Auf der Vorder- und Rückseite der Sammelbilder finden sich zumeist Erläuterungen, die über die Bildsprache hinausgehende Informationen bzw. Interpretationen bieten. Nicht für alle Bildserien sind entsprechende Alben mit weiterführenden Texten vertrieben worden, in die die Sammelbilder eingesteckt oder eingeklebt werden konnten. Obgleich die Firmen mit ihren Sammelbildern vor allem die Zielgruppe der Kinder und Jugendlichen im Auge hatten, sind sie ebenso von Erwachsenen begeistert aufgenommen worden. Ob Sammelbilder zunächst ein Oberschichtenphänomen gewesen sind – so die Behauptung der einschlägigen Literatur –, muss dahin gestellt bleiben. Jedenfalls trifft es nicht zu, dass bis zum Ende des Ersten Weltkriegs überwiegend nur Luxusprodukte, darunter Liebig's Fleischextrakt oder Stollwerck-Schokolade, mit ihnen beworben wurden. Spätestens durch den Einstieg der Zigarettenindustrie in diesen Werbezweig um 1920 erreichten die Sammelbilder auch breitere Bevölkerungskreise.

In den wenigsten Fällen sind die Sammelbilder von Künstlern von Rang entworfen worden, sondern fabrikmäßig durch fest angestellte Gebrauchsgraphiker. Dass diese populären Bilderwelten künstlerisch eher anspruchslos sind und in ihrer Kitschigkeit selten über das Niveau einer Schießbudenmalerei hinauskommen, spricht nicht gegen sie. Die Trivialität der Bildchen steht auch jeglicher Überhöhung oder Sakralisierung der Bildmotive entgegen, wie dies weithin der klassischen Historienmalerei eigen ist. Bei allem Anspruch, »belehren« zu wollen, strebte die Konsumgüterindustrie mit ihren Reklamesammelbildern in erster Linie danach, zu gefallen und den Kunden emotional anzusprechen. Sie sollten vornehmlich verkaufsfördernd wirken.

Weder die sich eher auf die sogenannte Hochkunst, das heißt die »seriöse« (Historien-)Malerei konzentrierende Kunstgeschichte noch die Geschichtswissenschaft haben bisher die Reklamesammelbilder als visuelles Massenmedium ausreichend gewürdigt. Erst langsam findet diese Form der Trivialkunst die ihr gebührende Aufmerksamkeit, nachdem mit dem *pictorial* bzw. *iconic turn* – dem Anliegen, eine der allgemeinen Sprachwissenschaften vergleichbare »Wissenschaft vom Bild« zu entwickeln – die visuellen Produktionen allmählich aus ihrer Randständigkeit herausgetreten sind. Mit der Abkehr der Wissenschaft von einer einseitigen Textfixierung hat sich die Erkenntnis durchgesetzt, dass auch visuelle Quellen als wichtiger Bestandteil des kulturellen Gedächtnisses Auskunft darüber geben können, wie und in welcher Form dominierende Geschichtsbilder tradiert werden. Neben den Publikationen von Detlef Lorenz[6] leistete vor allem das von Bernhard Jussen geleitete Projekt »Kollektives Bildwissen und historische Imagination in der Moderne« eine erste Grundlagenarbeit zur wissenschaftlichen Erforschung von Reklamesammelbildern.[7] Wie andere Massenbilder der Alltagskultur werden die Sammelbilder als visuelle Artefakte kultureller Erinnerung angesehen. Jussen geht wohl nicht zu Unrecht davon aus, dass die trivialen, in Millionenauflagen verbreiteten Sammelbilder mit historischen Themen einen weit größeren Einfluss auf das kollektive Bildwissen und damit auf das Geschichtsbewusstsein breiter Bevölkerungskreise gehabt haben dürften als etwa die klassische Historienmalerei, was ihre Relevanz als ernstzunehmende Quellengruppe unterstreicht.[8] An das Forschungsvorhaben von Jussen anknüpfend, sind für den vorliegenden Bildband – bezogen auf das Archiv der kolonialen Sammelbilder – vor allem folgende Fragen von Bedeutung gewesen: Welche historischen Vorstellungswelten kreierten die Sammelbilder im Kontext des Kolonialismus und hinsichtlich des Begriffs Kolonien? Wie wurden die Kolonisierten dargestellt, und welcher Zusammenhang besteht zwischen diesen Fremdbildern und den Selbstbildern der Kolonisierenden? Wie schlugen sich die (kolonial-)politischen Ereignisse in den Sammelbildern und damit auch im Bildgedächtnis der Menschen nieder? In welcher Form fanden die kolonial-rassistischen Stereotype Eingang in die Welt der Sammelbilder? Die sich im Medium der Sammelbilder manifestierenden kolonialen Blickregime und Machtverhältnisse offenzulegen ist das erklärte Ziel solcher Fragestellungen.

Sammelwut und volkstümlicher Kolonialismus

Neben populär aufgemachten Kolonialbüchern und -zeitschriften, Kolonialpostkarten, kolonialem Liedgut, Kolonialausstellungen, Völkerschauen oder Panoptiken kann man die mit kolonialen Motiven versehenen Reklamesammelbilder dem Phänomen des »volkstümlichen Kolonialismus«[9] zurechnen. Im Dienste der nationalen Kolonialpropaganda stehend, zielte dieser auf eine Stärkung des Kolonialgedankens

»Besitzergreifung von Kamerun«, Theodor Hildebrand & Sohn, Berlin, Hildebrand's Deutsche Schokolade, Deutscher Kakao, um 1910.

im Bewusstsein breiter Kreise der Bevölkerung ab. Bei dieser Form des »Volksimperialismus«[10] waren nationalistische mit imperial-expansionistischen Bestrebungen untrennbar miteinander verbunden. Nachdem das Deutsche Reich sich 1884 mit dem prestigeträchtigen Erwerb von Kolonien seinen »Platz an der Sonne«[11] gesichert hatte, griffen auch die Massenmedien, darunter die Werbung (damals Reklame genannt), das »größere Deutschland« als Thema verstärkt auf. Der Kolonialismus soll sogar »ein bevorzugtes Thema der Sammelbildalben seit der Jahrhundertwende«[12] gewesen sein.

Wie die populäre Reiseliteratur in Wort und Bild die Sehnsucht der Epoche nach dem Entlegenen und Exotischen befriedigte, so holten die millionenfach kursierenden Reklamesammelbildchen mit ihren Serien über Kolonien und »exotische« Länder die für die meisten Menschen unerreichbare »weite Welt« heim in die Wohnstube – darin vergleichbar mit dem Medium der Fotografie, welche die gegen Ende des 19. Jahrhunderts einsetzende Bilderflut mit ausgelöst hat. Es ist sicherlich nicht falsch davon auszugehen, dass die kolonialen und exotischen Motive wesentlich dazu beigetragen haben, die Sammelbilder zu einem beliebten Massenmedium der Alltagskultur zu machen.

»Eingeborene aus unseren Kolonien. Togo, Häuptling von Atakpame«, Palmin, Pflanzenfett, H. Schlinck & Cie. Hamburg, um 1920.

Sammelbilder entwickelten sich »vom Kinderspaß zu einer Leidenschaft, die sich epidemieartig über ganz Europa verbreitete«.[13] Die *Jugendschriften-Warte,* das Organ der vereinigten deutschen Prüfungsausschüsse für Jugendschriften, meinte dazu im Jahr 1900 feststellen zu müssen, dass »wir die Reklame-Bilder und Ansichtskarten nicht übersehen [dürfen], die jetzt alle Welt und vornehmlich unsere Jugend überschwemmen. [...] Welches Kind ›sammelt‹ nicht? [...] Leider dürfen wir dem erziehlichen Einfluß dieser Bilderflut nicht ohne weiteres vertrauen. Das allermeiste, was dem Kinde in die Hände fällt, ist völlig wertlos, weder von Künstlern geschaffen, noch als Erziehungsmittel gedacht. Der Fabrikant will lediglich gefallen und er weiß, dass die Wahl des Stoffes für sein Kinder-Publikum alles ist.«[14]

Schwarz-weiße Bilderwelten

Die in den Jahrzehnten vor und nach dem Ersten Weltkrieg herausgekommenen Sammelbilder mit kolonialen Motiven entsprachen ganz dem damaligen Zeitgeist. Präsentiert wird das dichotomische, mit starken Polaritäten arbeitende Menschen- und Weltbild des Kolonialzeitalters. Vorgeführt wird eine antagonistische Welt mit klaren Rollenverteilungen: Der »weiße Mann«, oftmals in den Mittelpunkt der Bilder gerückt, ist stets mit der Aura der Überlegenheit und Unbesiegbarkeit umgeben, ob als Entdeckungsreisender, Missionar, Siedler, Händler, Arzt, kolonialer Verwaltungsbeamte oder Kolonialsoldat. Er glaubt sich den »Wilden« zivilisatorisch und »rassisch« überlegen, darin ganz dem Sozialdarwinismus folgend, jener (Pseudo-)Wissenschaft des 19. Jahrhunderts, die die Evolutionstheorie aus der Biologie auf gesellschaftliche, wirtschaftliche und politische Phänomene übertrug. Das von der sozialdarwinistischen Ideologie vertretene evolutionistische und zutiefst eurozentristische Weltbild postulierte eine Hierarchie der »Rassen«, an deren Spitze der Weiße stehe. Die Konstruktion dieses Selbstbildes des Europäers als »Herrenrasse« *(imperial race)* hatte die Abgrenzung zum außereuropäischen Anderen zur Voraussetzung. Man war um eine klare Grenzziehung bemüht, weshalb sich die Kolonisatoren denn auch »immer als das dar[stellten], was sie *nicht* sind (nicht ›schwarz‹, nicht ›wild‹, nicht ›primitiv‹ etc.).«[15]

In diesem, in der Wissenschaft *othering* genannten Prozess bildete das dehumanisierte

Bild des Anderen die Voraussetzung, um die überlegene Identität Europas zu festigen und abzusichern. Die aus der Ethnologie bekannte These, nach der die Aufwertung der eigenen Ethnie stets mit der Abwertung anderer Ethnien einhergeht, findet hier ihre Bestätigung. In diesem Sinne formulierte der Ethnologe Munasu Duala M'bedy: Das Fremde half – und hilft – dem Europäer bei der Absicherung seines Selbstverständnisses, an der Spitze der menschlichen Evolution zu stehen; mit diesem Selbstbild ausgestattet, könne der Europäer sich in der Welt als »Maß aller Dinge« wiederfinden.[16] Der postkoloniale Theoretiker Homi K. Bhabha sieht allerdings die Stereotypisierung der Kolonisierten als einen ambivalenten Mechanismus, der nicht ausschließlich als Ausdruck von Herrschaftsanspruch und Autorität zu verstehen sei; vor allem werde darin auch ein Bedürfnis nach Selbstverortung und Absicherung der Kolonisatoren deutlich, die in der fremden Welt fürchteten, ihre Identität zu verlieren.[17]

Der kolonialen Ideologie folgend, offenbart sich in vielen Bildern das paternalistische Selbstbild des Weißen als gütiger Lehrmeister der von ihm kolonisierten Völker. Man gab vor, eine Zivilisationsmission erfüllen zu müssen; der englische Schriftsteller Rudyard Kipling prägte dafür 1899 die Redewendung »The White Man's Burden«, die Bürde des weißen Mannes. Indem der Weiße sich als Bote der Moderne feierte, der den rechten Glauben, die Kultur und den technisch-wissenschaftlichen Fortschritt bringt, sollte dies über die eigentlichen, vor allem ökonomischen Interessen der Kolonialherrschaft hinwegtäuschen. Dabei ging es in der kolonialen Realität in erster Linie um Macht und Profite, wie dies, um eines von zahllosen Beispielen anzuführen, Kolonialstaatssekretär Bernhard Dernburg im Jahr 1907 formuliert hatte: »Kolonisieren [...] heißt die Nutzbarmachung [...] der Menschen zugunsten der Wirtschaft der kolonisierenden Nation.«[18] Die rassistisch geprägte Bildsprache des Kolonialismus bzw. Imperialismus trug auf diese Weise dazu bei, die Unterwerfung und Ausbeutung der Kolonien – wie schon zuvor den jahrhundertelangen Sklavenhandel – zu rechtfertigen.

»Filausana«, Gartmann Schokolade, um 1915.

»Gewinnung des Kautschuk. Abwiegen des gewonnenen, gehärteten Kautschuks«, Elfenbein-Seife, Schutzmarke »Elefant«, Günther & Haussner, Chemnitz-Kappel, vor 1914.

»Aufstand in Deutsch-Afrika. Siegreicher Kampf am Waterberge«, Milka, Tafel-Margarine, um 1905.

Das Bild, das das »weiße Europa« von sich selbst entwarf, strahlte umso heller, wie im Gegenzug die Anderen meist nur in Stereotypen imaginiert wurden. Im Verlauf des kolonialen Domestizierungsprozesses zu »›Negern‹/›Wilden‹/›Unterentwickelten‹«[19] degradiert, traten im Zeitalter des Hochimperialismus die Schwarzen hauptsächlich als Unterworfene und Diener ihrer Kolonialherrn bildhaft in Erscheinung. In immer neuen Variationen setzte man das Motiv des subalternen Anderen in den Bildmedien der populären Alltagskultur in Szene. Wie die kolonisierten Völker um ihre Autonomie gerungen und gegen die koloniale Fremdherrschaft Widerstand geleistet haben, blieb ausgespart oder wurde nur indirekt im Zusammenhang mit den Kolonialkriegen thematisiert. Die Kriegsbilder dienten aber primär der Verherrlichung der europäischen Kolonialarmeen, im deutschen Fall der »Kaiserlichen Schutztruppen«. Hingegen wurden die Aufbegehrenden meist als mordlüsterne »schwarze Bestien« dargestellt, die sich ungerechtfertigterweise gegen ihre weiße – um nicht zu sagen »gottgewollte« – Obrigkeit erhoben. Allerdings fehlt den Sammelbildern in der Regel jene aggressiv-rassistische Darstellungsweise, wie sie andere Bildgenres, zum Beispiel Buch- und Zeitungsillustrationen, aufweisen.

Erstaunlich ist, dass die Sammelbilder über die Jahrzehnte hinweg nicht nur in stilistischer Hinsicht eine Gleichförmigkeit aufwiesen, sondern auch die kolonialen und exotischen Motive nahezu unverändert geblieben sind. Die Visualisierung von Menschen aus Afrika, Asien etc. sieht in den Bildchen der Jahrhundertwende – mit einigen wenigen Ausnahmen – nicht anders aus, als etwa in den 40er oder 50er Jahren. Neu sind allenfalls solche Motive wie etwa schwarze Tänzer und Sportler, die erst in den 20er Jahren auftauchen, oder die Verwendung der Fotografie, die vor allem nach dem Ersten Weltkrieg nachzuweisen ist. Was sich hingegen deutlich veränderte, ist die Aggressivität und der Grad des verbalen Rassismus bei den Textaufdrucken der (deutschsprachigen) Bilder, was insbesondere für die Zeit der NS-Diktatur nach 1933 belegt werden kann.

»Eingeborenentypen«: Der rassifizierte Andere

Die visuellen Aneignungsstrategien des Fremden im Zeitalter der Kolonisation tendierten dazu, den »Schwarzen«, den »Gelben«, den »Roten« nicht als Menschen mit seiner jeweils individuellen Persönlichkeit, sondern nur das vermeintlich Typische (»Eingeborenentypen«) wahrzunehmen, und das hieß, ihn als rassifiziertes Wesen zu erfassen. Die kolonialistische Bildersymbolik markierte die »Rasse« des Anderen durch die Überzeichnung physiognomischer Merkmale wie Hautfarbe, Haare, Nase, Lippen, durch die Betonung von »Stammestrachten« oder eines ihm zugeschriebenen archaisch-primitiven Habitus.[20] Im Stile einer rassistischen Vulgärethnologie belehrte etwa ein Sammelbildchen der Holsteinschen Pflanzenbutterfabriken (Wagner & Co., Elmshorn, 1928) seine Leser: »Menschenrassen. Neger. Die Ureinwohner Afrikas heißen Äthiopier oder Neger. (…) Die dicken, wulstigen Lippen, die großen Zähne und die breite, flache Nase weisen darauf hin, daß wir es mit auf sehr niedriger Kulturstufe stehenden Menschen zu tun haben. Man nennt sie kurzweg Wilde (…).« Indem Europa als »weiß«, Afrika als »schwarz«, Asien als »gelb« und Amerika als »rot« definiert wurde, schrieb man den Kontinenten und seinen Menschen bestimmte »rassische« Identitäten zu; auf dieser Basis erfolgten die stereotypen Zuschreibungen zu unterschiedlichen und hierarchisierten »Rassen«.[21] Nicht was den Menschen gemeinsam ist, sondern was die »Eingeborenen« von den Weißen unterscheidet, war von Interesse. Auf diese Weise die Andersartigkeit unterstreichend, gab man insbesondere den Schwarzen durch tolldrastische Verzerrungen der Lächerlichkeit preis. In den westlichen Phantasien mutierte er zum Zerrbild, das alle nur denkbaren Vorurteile und fremdenfeindlichen Klischees bediente.

Das Bild vom »schwarzen Mann« war von Extremen gekennzeichnet: auf der einen Seite von Angst- und Feindbildern und auf der anderen von der Faszination für den »exotischen Fremden«, den »edlen Wilden« à la Rousseau. Da dieser als hoffnungslos seinen überkommenen Traditionen verhaftet dargestellt ist, gab er in der kolonial-rassistischen Bildrhetorik gleichwohl eine anachronistische, zum Untergang verurteilte Figur ab. Den Gegensatz zu diesem romantisch verklärten »Naturmenschen« bilden die Images des zur »mordlüsternen Bestie« und zum »wilden Krieger« dämonisierten Schwarzen, die auf das biologistisch-rassistisch begründete Stereotyp vom »Neger« als Tier zurückgehen. Dazwischen changiert das Kind-

»Menschenrassen. Neger«, Holsteinsche Pflanzenbutterfabriken, Wagner & CO., Elmshorn, 1928.

»Sisalfaser – Das weiße Gold Deutsch-Ostafrikas«, Deutsche Kolonial-Bilder der Berliner Morgenpost, 1941.

»Durchs dunkle Afrika. Überfall im Ruwenzori-Mondgebirge«, C. H. L. Gartmann, Altona. Kakao- und Schokolade-Fabrik, vor 1914.

»Bilder aus Afrika. Sonntagsritt«, Liebig's Fleisch-Extract, 1906.

chenschema, das bis Ende des 19. Jahrhundert dominante kulturalistisch-rassistische Klischee vom »Neger« als erziehungsbedürftiges Kind. Diese Mischung aus Exotisierung und Dehumanisierung gipfelt in den zahlreichen »Witzbildern«, die den »Eingeborenen« lediglich als Kuriosität darstellen und ihn als ungeschickten Adepten des Europäers dem Gespött preisgaben. Indem der weiße Betrachter sich darüber »totlachen« konnte, bestätigte er sich selbst einmal mehr seine angemaßte hegemoniale Stellung in der Welt. Der Hauptgrund für die Herausbildung solcher rassistisch-exotisierenden Repräsentationen des Anderen lag in der Herstellung und Aufrechterhaltung der politischen, sozialen und kulturellen Ungleichheit zwischen Kolonisatoren und Kolonisierten.[22] Der Kolonialismus, ein auf Differenz und Hierarchie beruhendes Machtverhältnis, griff zur Absicherung seiner Vormachtstellungen im besonderen Maße auch auf visuelle Mittel zurück.

So zeigt sich der Kolonialismus als ein durchaus ambivalentes Phänomen. Er entpuppt sich als eine Mischung aus Begehren und Faszination, aus Bedrohung und Verachtung, einem Hin und Her zwischen Allmachtsphantasien und Ohnmachtsgefühlen gegenüber den kolonialen Untertanen. Zwar vermitteln die Sammelbilder – darin unterscheiden sie sich nicht von den anderen Bildgenres des Kolonialzeitalters – den Eindruck von europäischer Omnipotenz und damit einem scheinbar eindeutigen Oben und Unten, einer klaren Trennung zwischen »Weiß« und »Schwarz«. Dabei waren die Machtverhältnisse in der Realität des kolonialen Alltages alles andere als eindeutig oder konnten zumindest in vielen Fällen keineswegs so klar umgesetzt werden, wie sich die Kolonialherren dies wünschten. Und auch die dichotomischen Zuschreibungen, wie sie die Bilder vorgaukeln – etwa primitiv/traditionell und entwickelt/modern –, hat es in dieser Form im Kolonialismus nicht gegeben. Beim Umgang mit den Bilddokumenten ist dies stets zu beachten, damit der heutige Betrachter durch eine unkritische Rezeption nicht zum Gefangenen des kolonialen Bildarchivs wird.

Afrika als kolonialer Raum

Welches Bild machte man sich von Afrika,[23] das in der zweiten Hälfte des 19. Jahrhunderts fast vollständig unter den europäischen Kolonialmächten aufgeteilt worden war und wo auch das Deutsche Reich seine größten »Schutzgebiete« besaß? Da gibt es zunächst das »ursprüngliche«, das zur ewigen Safari einladende

»Deutschland über See. Ochsenwagen-Karawane in Südwestafrika«, Liebig Company's Fleisch-Extract, 1900.

Afrika. In monotoner Reihung tauchen in den Bilderwelten »wilde Menschen« und wilde Tiere auf, die in »unberührter« Natur umherziehen, Bildsymbole, die das Stereotyp vom unzivilisierten Kontinent stets aufs Neue kultivierten. Afrika als Naturraum, vermeintlich eine Welt ohne Wandel und ohne eigene Geschichte, erscheint als *terra nullius,* als »herrenloses Land« oder »Niemandsland«[24], ein Mythos, der zum festen Bestandteil der Kolonialideologie gehörte. Zu den klassischen kolonialen Bilderreihen zählen jene Serien, die weiße Entdeckungsreisende bei ihrem Vorstoß in den »dunklen Kontinent« in Szene setzen. Afrika – wie zuvor Amerika oder Australien – »entdecken« bedeutete aber nichts anderes, als die einheimischen Kulturen zu ignorieren, indem man uralte Siedlungsgebiete in einen noch unbeschriebenen, leeren Raum verwandelte.[25]

Des Weiteren erscheint das Afrika nach Ankunft des »weißen Mannes« und der darauffolgenden Umwandlung in einen kolonialen Raum. Gleichwohl sind die bildlichen Vorstellungen von den afrikanischen Kolonien widersprüchlich. Sie geben einerseits das Bild vorindustrieller Welten ab, wo auf die (Kolonial-) Pioniere aus Europa Abenteuer, Kampf und Bewährung warten. Beschworen wird der – männlich dominierte – Mythos vom heldenhaften Einzelkämpfer, der in Übersee an der Herausforderung reift und der seine Träume von einem ungebundenen Leben jenseits der europäischen Massengesellschaft und den Zwängen der Zivilisation verwirklicht.[26]

Die Kolonien stellten in dieser Sicht eine Art Gegenwelt zur Metropole dar, die mit dem Versprechen lockt, eine Alternative und Zufluchtsraum für zivilisationsmüde Europäer zu sein. Eine solche Vorstellung von den afrikanischen Kolonien als einer paradiesischen, von den Verwertungszwängen des Kapitalismus unberührten Wildnis resultierte aus den eskapistischen Stimmungen um 1900, einem Unbehagen an der Moderne mit ihren immer stärker durchrationalisierten Lebenswelten.

Tauchen andererseits auf den Sammelbildern Eisenbahnen, Straßen, Kolonialforts, Polizeistationen, Gouverneurspaläste, (Missions-)Kirchen, Farmen, Hafenanlagen mit Fracht- und Kriegsschiffen oder ganze Kolonialstädte auf, zeigen sie unmissverständlich, wie sehr *diese* Moderne, der doch viele Weiße zu entfliehen versuchten, bereits Einzug in die »Wildnis« gehalten hatte. Die nicht ohne Stolz vorgeführten kolonialen Infrastrukturen fungierten als raumgreifende Zeichen weißer Vormachtstellung und Zivilisation; mit ihnen sollten die Erfolge des kolonialen Projekts – und das hieß vor allem die kommerzielle Inwertsetzung der Kolonien – demonstriert werden. Nicht zuletzt kamen damit großmachtpolitische Ansprüche zum Ausdruck, wie besonders bei den deutschsprachigen Bildserien wilhelminische »Weltpolitik« als Erfolgsgeschichte verkauft werden sollte. Als exotische Staffage fehlen selten die dekorativ ins Bild gerückten »Eingeborenen«, häufig die Flagge der jeweiligen europäischen Kolonialmacht schwingend. Gleich den strammstehenden Askari (afrikanische Söldner) in ihren Kolonialuniformen repräsentieren sie die Macht der Anderen, die ihrer Kolonialherren.

Harmlos? Charakteristika der kolonialen Sammelbilder

Vor allem aus Sammlerkreisen ist immer wieder zu hören, die Reklamesammelbilder seien gegenüber den politischen, ideologischen und religiösen Strömungen ihrer Epoche weitgehend neutral geblieben.[27] Eine Ausnahme seien jene Propagandabildchen gewesen, die unter den Nationalsozialisten herausgegeben wurden. In Bezug etwa auf die Liebig-Bilder wird darauf verwiesen, dass die Bilder sich unpolitisch gegeben hätten, da sie für ein jugendliches Publikum produziert und international, das heißt mit identischen Motivaufdrucken mehrsprachig vertrieben wurden. Die These ihrer Neutralität überzeugt jedoch nicht und ist gerade hinsichtlich der Sammelbilder mit kolonialen Motiven schlicht unzutreffend.[28] Das gilt umso mehr für die den Sammelbildern zugeschriebene Harmlosigkeit, da das millionenfach unter die Menschen gebrachte Bildgut im Kleinformat so ziemlich alle Klischees und Stereotype des Fremden aufgriff und (re-)produzierte, die im Umlauf waren. Wer durch diese Bilderschule des Kolonialismus gegangen war, hatte seine Lektion vom weißen Herrenmenschen gelernt. Die mit kolonialen und exotischen Motiven arbeitende Werbeindustrie verfestigte nicht nur bestehende Stereotype, sondern schuf auch neue und lud sie je nach Bedarf mit neuen Bedeutungen auf. Die gewinnbringende Vermarktung des Anderen ist zutreffend als »Warenrassismus«[29] bezeichnet worden. Neben dem Kolonialismus und der sozialdarwinistisch geprägten Rassentheorie war es der kapitalistische Markt, der an der Kreation des »essentiell Fremden« beteiligt war.[30] Wenn die Sammelbilder daher auch dazu beigetragen haben, die rassistischen Visionen des Kolonialzeitalters in die Köpfe von Kindern, Jugendlichen[31] und Erwachsenen zu transportieren, so muss doch einschränkend festgestellt werden, dass in ihnen ein eher moderater Rassismus zum Ausdruck kommt. In den überwiegenden Fällen könnte man – bei allem kolonialen Habitus – von einer exotisierenden Gartenlaubenwelt sprechen. Mit diesem ihnen eigenen Kolonialbiedermeier sind die Sammelbilder durchaus mit anderen Bildgenres vergleichbar, etwa den Bilderbogen oder den Schulwandbildern.[32] Derart aggressive und regelrecht hetzerische Darstellungen, wie sie sich mitunter auf Postkarten, in Buchillustrationen oder auf politischen Flugblättern finden lassen, sind vergleichsweise wenig vertreten. Das Schreckbild des schwarzen Barbaren wäre in der auf den ökonomischen Mehrwert und damit auf das Gefällige zielenden Welt der Reklamesammelbilder wohl eher kontraproduktiv gewesen. Allerdings konnte ein solcher sich eher subtil gebender visueller Rassismus seine Wirkmächtigkeit trotzdem – oder gerade deswegen – entfalten.

»Sam, Sem, Sim, Som, Sum« aus Afrika fliegen mit dem Zeppelin nach Dresden, »Humoristische Bilder«, Schokolade und Kakao, Jordan & Timaeus, Dresden, um 1930.

Vergeblich sucht der heutige Betrachter eine kritische Haltung gegenüber dem Kolonialismus oder auch nur den Hauch von distanzschaffender (Selbst-)Ironie, wie sie etwa in der Kolonialkarikatur anzutreffen ist.[33] Desgleichen fehlt jegliche kritische Kommentierung, sowohl bei den Texten, die den Bildern aufgedruckt sind, als auch bei denjenigen in den Sammelalben. Die Texte erschöpfen sich durchgehend darin, »Kolonialgeschichte in

»In unseren Kolonien. Eisenbahnbrücke über den Kubas-Fluss, Bahnstation Nonidas«, Lind's Kaffee Essenz, um 1910.

Form von Kolonialgeschichtchen«[34] wiederzugeben. Das Geschichtsbild, das vermittelt wird, ist von ebensolch schlichter Natur: »Große Männer« (hier: »große Kolonialpioniere«) machen Geschichte, und es gilt – angelehnt an sozialdarwinistische Argumentationsmuster – das Recht des Stärkeren. Abgesehen von der ethnozentristischen Motivauswahl, abgesehen auch von der vordergründigen Symbolik und dem geringen Informationsgehalt, zeigen sich die Sammelbilder ganz dem kolonialen Zeitgeist verhaftet, indem sie Partei *für* das koloniale Projekt ergreifen; sie sind durchgehend kolonialapologetisch. Dem »Westen« wird ein Recht auf koloniales Expansionstreben unterstellt, während es völlig undenkbar war, den kolonisierten Völkern ein Recht auf Selbstbestimmung zuzugestehen. So geben die kolonialen und exotischen Bilderwelten eine wenig realistische Vorstellung von der unterworfenen fremden Welt, umso mehr jedoch über das eigene Selbstverständnis und die Projektionen des Westens.

Die Sammelbilder zeichnen sich aber nicht nur durch das aus, was sie zeigen, sondern auch durch das, was sie nicht zeigen. Die hässlichen Seiten des Kolonialismus – die Gewalt des kolonialen Alltags mit ihren rassistischen Diskriminierungen, die Praxis des Arbeitszwanges bzw. der Zwangsarbeit, die Exzesse der kolonialen Strafjustiz oder die Politik des selektiven Terrors bis hin zum Völkermord – bleiben ausgespart. Die Folgen und Kosten der den Kolonisierten aufgezwungenen »Modernisierung« werden nirgends thematisiert. Die Sammelbilder verkaufen den Kolonialismus als Austauschprozess, als Bereicherung für die Kolonialvölker, obgleich er parasitär war und auf die Plünderung der menschlichen und natürlichen Ressourcen der Überseegebiete hinaus-

»Unsere Kolonien«, Kaiser's Wochenkalender 1938. Erste deutsche Kolonisierungsversuche in Südamerika durch die Welser 1528.

»Pizarro. Schreckensherrschaft der Spanier«, aus dem Album »Abenteurer und Entdecker«, Holsteinsche Margarinewerke Wagner, Elmshorn 1951.

lief. Ebenso wenig ist vom Konkurrenzkampf und der Rivalität der europäischen Kolonialmächte untereinander zu sehen. Die zum Kolonialidyll neigende Darstellungsweise der Sammelbilder, so lässt sich resümieren, lief auf eine ikonographische Domestizierung oder visuelle Entschärfung des Kolonialismus hinaus.[35]

Erste zaghafte Ansätze eines (selbstkritischen) Perspektivenwechsels sind erst spät nachweisbar, und zwar in jenen Sammelbilderalben, die nach dem Zweiten Weltkrieg erschienen.[36] Ein Beispiel ist das Album »Abenteurer und Entdecker« der Holsteinschen Margarinewerke Wagner (Elmshorn) von 1951, in dem sich unter anderem ein die spanische *Conquista* anklagendes Bild mit dem Titel »Pizarro. Schreckensherrschaft der Spanier« findet. Die Produzenten von Sammelbildern reagierten damit offensichtlich auf den weltweit einsetzenden Dekolonisationsprozess und den damit einhergehenden Verfall des eurozentristisch geprägten kolonialen Weltbildes. Der Wandel in der allgemeinen Sinngebung des Begriffs Kolonialismus konnte nicht mehr ignoriert werden. Kolonialismus wurde nun überwiegend mit negativen Inhalten wie Unterdrückung, Fremdbestimmung und Ausbeutung in Verbindung gebracht. Das klassische Zeitalter der Sammelbilder war zu diesem Zeitpunkt allerdings längst vorbei. Eine visuelle Entkolonialisierung, gleichsam eine visuelle Demontage des bis dahin vorherrschenden kolonialen Blickes, hat es im Bereich der Sammelbilder faktisch nicht gegeben. Subversiv-antikoloniale Bildvisionen zu entwickeln sollte anderen Medien wie der Fotografie oder dem Film vorbehalten bleiben.

Schlussbemerkungen

Die in diesem Buch vorgestellten Reklamesammelbilder gehören zu dem uns überlieferten kolonialen Bildarchiv. Den Kolonialbildchen, eingesteckt und eingeklebt in die Sammelbilderalben – das »Bilderbuch des kleinen Mannes«[37] –, kam durchaus eine volkspädagogische Funktion zu.[38] Sie hatten ihren Anteil an der massenkulturellen Popularisierung des europäischen Kolonialismus. Abgesehen von der Erziehung zum Weltmachtstreben vermittelten sie »deutsche Tugenden«, wozu Patriotismus und Nationalstolz gehörten. Als visuelle Dokumente der kolonialistischen Ideologie hatten sie – was durch weitere empirische Forschungen noch im Einzelnen zu belegen wäre – in erheblichem Maße Einfluss auf die Mentalitäten und waren prägend für das Bild des (kolonialen) Fremden. Sie beförderten beim Publikum die Verinnerlichung der von den Kolonialherren gegenüber den Kolonisierten erwünschten Verhaltens- und Einstellungsmuster. Der Kolonialismus unterwarf und knechtete nicht nur die Menschen in den Überseegebieten, er warb auch unablässig für sich selbst. Im Mittelpunkt der kolonialen Ikonographie stand folgerichtig die Inszenierung der angemaßten Überlegenheit Europas.[39] Für die Legitimation, den »Rest der Welt« zu unterwerfen und auszubeuten, dazu leisteten die Bilderwelten des Kolonialzeitalters ihren Beitrag.[40]

Cover des Sammelalbums »Bilder aus den Deutschen Kolonien«, Bd. I, Onno Behrends Tee Import, Norden, 1933.

Die kolonialen Sammelbilder sind nicht zuletzt unter dem Aspekt der »inneren Kolonisation« des »weißen Mannes« (respektive der »weißen Frau«) von Interesse. Denn die Eroberung von Kolonien ging mit der Kolonisierung der Bild- und Vorstellungswelten in den »Mutterländern« einher. Der Kolonialismus ist »immer auch ein Erziehungsprogramm [gewesen], das nicht nur das Bewusstsein der Schwarzen manipuliert, sondern auch das der Weißen. Der Fibel-Neger, das Mohrenkind, der Massaboy, die zehn kleinen Negerlein, der Kindneger – das sind Anschauungsobjekte und Lernprogramme der kolonialen Kinderstube, und sind es manchmal noch immer.«[41] Die Bedeutung des Bildes ist dabei nicht zu unterschätzen, können doch Bilder die Idee und das Image von den »Primitiven«/»Untermenschen« hier und den »zivilisierten Kulturen«/»Herrenmenschen« dort nachhaltiger vermitteln als Texte. Zu Recht hat der US-amerikanische Historiker George L. Mosse in seiner Geschichte des Rassismus darauf hingewiesen, dass die Stärke und damit die Gefährlichkeit des von Europa ausgegangenen Denksystems des Rassismus darin liegt, eine »auf Klischees oder Stereotypen basierende *visuelle* Ideologie«[42] zu sein.

So antiquiert und trivial die kolonialen Reklamesammelbildchen uns heute erscheinen mögen, sie werden weiterhin gehandelt und getauscht und bedürfen deshalb in Wort und Bild einer kritischen Lektüre.

COLUMBUS.
Erste Landung in der neuen Welt.

Kolumbus – »Eine böse Entdeckung«

»Der Amerikaner, der den Kolumbus zuerst entdeckte, machte eine böse Entdeckung«, notierte im Jahr 1783 der Schriftsteller und Aufklärer Georg Christoph Lichtenberg. Von einem solchen – subversiven – Perspektivenwechsel ist in der Welt der Sammelbildchen nichts zu sehen oder zu lesen. Zahlreiche Serien, die Christoph Kolumbus gewidmet sind, glorifizieren, ja mystifizieren geradezu seine Person. Die Stationen seines Lebensweges werden in dramatisierenden Szenerien nachgezeichnet, wobei im Mittelpunkt immer wieder jene Schlüsselszene steht, in der Kolumbus den Boden der »Neuen Welt« betritt, während ihm die »Indianer« kniend huldigen, als sei er ein Heiland. Unausgesprochen gilt diese Geste der Proskynese (Kniefall) nicht nur Kolumbus, dessen Name für alle »Entdecker« steht, sondern allen Weißen. Abgesehen von dem fragwürdigen historischen Wahrheitsgehalt solcher Darstellungen, vermitteln sie den Eindruck, als habe erst mit der Ankunft von Kolumbus die Geschichte Amerikas begonnen, eine wahrlich eurozentristische Sicht.

Die zum Teil bis heute gebräuchliche Verwendung des Begriffs »Entdeckung« verschweigt im Übrigen, worum es den Europäern eigentlich ging, nämlich um Aneignung und Eroberung. Die Habgier der spanischen Konquistadoren – dazu gehören unter anderem auch Hernán Cortés und Francisco Pizarro – nach Silber und Gold wird nicht gezeigt. Dies würde sie sehr viel unsympathischer erscheinen lassen und einer Identifikation mit ihnen entgegenstehen. Unterstellt werden eher hehre Motive wie die, im Dienste der Christianisierung und des Fortschritts gehandelt zu haben. Über die mit der »Entdeckung« der beiden Amerikas verbundenen Folgen für die indigene Bevölkerung schweigen sich die Reklamebilder weitgehend aus.

Dabei verursachten die amerikanischen Eroberungen der Spanier und Portugiesen eine demographische Katastrophe ohnegleichen. Wie in der Karibik, so kam es auch auf dem Festland zu einer dramatischen Entvölkerung unter den Indios infolge von Ausrottungskriegen, eingeschleppten Krankheiten, erzwungenen Umsiedlungen und Versklavung. Die Dezimierung der einheimischen Völker ging mit dem Ende der präkolumbianischen Kulturen einher. Die Orden der Dominikaner, Franziskaner und Jesuiten wandten sich gegen die barbarische Behandlung der einheimischen Bevölkerung durch die spanische Kolonistengesellschaft. Am bekanntesten wurde der Protest des Dominikaners Bartolomé de las Casas, der der »Apostel der Indios« genannt wurde. Jedoch scheiterten die Bemühungen zum Schutz der Indios weitgehend.

In den Sammelbildern unterbleibt jegliche kritische Kommentierung dieses historischen Geschehens. Schilderungen der Gewalt eines Pizarro oder Cortés tauchen vereinzelt erst in den nach 1945 erschienen Reklamebilderalben auf, ohne dass der Heldenstatus der Eroberer dadurch getrübt würde.

Das – seit dem 16. Jahrhundert in Amerika bestehende – spanische Imperium verschwand ab den 20er Jahren des 19. Jahrhunderts von der Landkarte. Der von Simon Bolívar geleitete Aufstand führte zur Unabhängigkeit fast aller ehemaligen Kolonien in Süd- und Mittelamerika und zur Gründung von Venezuela, Kolumbien, Panama, Ecuador, Peru und Bolivien, während Brasilien 1822 seine Unabhängigkeit von Portugal erlangte. Kuba und Puerto Rico folgten später.

1

1. »Christoph Columbus. Erste Landung in der neuen Welt«, Liebig's Fleisch-Extract, 1888.

1. bis 4. Christoph Kolumbus (1451–1506), genuesischer Seefahrer in spanischen Diensten, war ursprünglich in dem Bestreben über den Atlantik gesegelt, auf dem westlichen Seeweg von Europa nach Ostasien (Indien) zu gelangen. Stattdessen erreichte er am 12. Oktober 1492 die Inselgruppe der Bahamas in der Karibik und nannte die erste Insel, die er betrat, San Salvador. Dennoch glaubte Kolumbus, er sei westlich von Indien gelandet. Von diesem Irrtum zeugt der bis in die Gegenwart gebräuchliche Name »westindische Inseln« für die karibischen Inseln. Das amerikanische Festland betrat Kolumbus erst knapp zehn Jahre später, auf seiner vierten Reise, als er in Honduras an Land ging. In den folgenden Jahrhunderten wurde er als »Entdecker« Amerikas gefeiert und verherrlicht. Die gebieterische Pose von Kolumbus – und dessen Schwert – verraten, worum es bei der »Entdeckung« eigentlich ging: um die Besitzergreifung der »Neuen Welt«. In der zweiten Hälfte des 20. Jahrhunderts und besonders im Jahr 1992, als sich die »Entdeckung« Amerikas zum 500. Mal jährte, kam es im Zuge einer grundsätzlichen Kolonialismuskritik weltweit zu einer Neubewertung von Kolumbus, die seine Person entmystifizierte, seinen Heldenstatus demontierte und die Folgen der nach Kolumbus einsetzenden spanisch-portugiesischen *Conquista* (Eroberungspolitik) thematisierte.

2 

3 

4 

2. »Christoph Columbus landet in der Neuen Welt, 12. October 1492«, Liebig Company's Fleisch-Extract, 1892.
Der erste Landgang von Kolumbus in der Karibik wird in diesem Bild zum sakralen Akt verklärt, gleichsam als Einzug ins gelobte Land.

3. »Christoph Columbus. Apotheose als Entdecker von Amerika«, Liebig Company's Fleisch-Extract, 1892.
Kolumbus – dessen Name ein Synonym für alle »Entdecker« ist, die nach ihm kamen – wird hier mit den Zügen eines Halbgottes ausgestattet. Die Darstellung, die nicht zufällig »Apotheose« (Vergöttlichung) betitelt ist, erinnert an Votivbildchen. Rechts unten befindet sich das Wappen von Kastilien-Leon, links ist das Familienwappen von Kolumbus zu sehen.

4. »Christoph Columbus landet auf San Domingo«, Ackermann's Schlüsselgarn, Mech. Zwirnerei, Sontheim b. Heilbronn, um 1915.
Zwischen 1492 und 1504 unternahm Kolumbus vier Reisen in die »Neue Welt«. Auf seiner dritten Fahrt erreichte er im August 1498 Santo Domingo (heute Hauptstadt der Dominikanischen Republik). Dass hier ein Mönch ins Bild gesetzt wurde, ist nicht dem Umstand geschuldet, dass Kolumbus ein tiefreligiöser Mensch war. Vielmehr beeilte sich die katholische Kirche, einige Ordensbrüder auf die Schiffe der Entdeckungsreisenden zu schicken, um bei der Landung in der »Neuen Welt« von Anfang an dabei zu sein und unverzüglich mit dem Missionswerk beginnen zu können. Wie stark sich die Kirche alsbald bei der spanischen Kolonisation engagierte, wird aus dem Beschluss von Papst Alexander VI. ersichtlich, der 1494 alle Gebiete westlich des 46. Längengrades zu spanischen Kolonien erklärte; östlich davon durften die Portugiesen kolonisieren. Dass dort schon Menschen lebten, denen das Land gehörte, störte ihn nicht.

5./6. »Löflund – Columbus Serie«, Löflund Arzneimittel, Grunbach bei Stuttgart, um 1910.
Die beiden Bilder zeigen – anders als der Titel der Serie besagt – nicht nur Stationen aus dem Leben von Christoph Kolumbus, sondern auch Ereignisse aus der darauffolgenden spanischen *Conquista:* So ist zwar auf dem oberen Bild die erste Landung von Kolumbus in der »Neuen Welt« am 2. Oktober 1492 zu sehen, auf dem unteren aber das Treffen des spanischen Eroberers Hernán Cortés mit Montezuma, dem Herrscher über das Reich der Azteken, am 8. November 1519. Die Verbeugung von Montezuma vor Cortés nimmt dessen Niederlage gegen die spanischen Eindringlinge symbolisch vorweg (siehe auch Bild 9 und 10).
Mit den ersten Landnahmen von Christoph Kolumbus setzte eine beispiellose Eroberungspolitik ein. In einem halben Jahrhundert hatte Spanien Mexiko, Mittelamerika einschließlich der karibischen Inseln und weite Teile Südamerikas in Besitz genommen bzw. zu seinem Kolonialgebiet erklärt. Die Ausplünderung ihrer amerikanischen Kolonien – insbesondere die mit Gewalt durchgesetzte Ausbeutung ertragreicher Silberminen – ermöglichte Spanien den Aufstieg zur europäischen Großmacht.

5

6

7. »Columbus sieht auf seiner 2ten Reise auf Haiti die Eingeborenen mit Kautschukbällen spielen«, aus der Serie »Der Kautschuk«, Liebig's Fleisch-Extract, 1911.
Die Serie, zu der dieses Bild gehört, thematisiert nicht die Reisen des Kolumbus, sondern die Geschichte des Kautschuks. Die Völker Mittelamerikas und Amazoniens nutzten lange vor Ankunft der Weißen den Naturkautschuk in vielfältiger Weise. So verwendeten sie bei ihren Ballspielen bereits Bälle aus Vollgummi.

7

8 

8. »Columbus«, Gero, Kakao Schokolade Pralinen, Gerling & Rockstroh, Dresden, vor 1914.
Text auf der Rückseite: »Columbus beschwichtigt den Aufruhr auf Haiti. Groß wie der Erfolg seiner ersten Reise war auch der Erfolg seiner zweiten, die ihn bereits am 3. November 1493 San Salvador und darauf in kurzer Folge die Inseln Dominica, Maria Galante, Guadeloupe, Antigua und Portorico auffinden ließ. Inzwischen hatten sich bereits Gegner gefunden, die dem großen Manne seine Erfolge neideten und ihm Schwierigkeiten bereiteten. Er segelte deshalb nach Spanien zurück, um sich zu rechtfertigen, was ihm auch gelang. Aber erst 5 Jahre später konnte er sich mit 6 Schiffen auf die dritte Reise begeben. Columbus fand Haiti, nachdem er die Mündung des Orinoko und damit das amerikanische Festland entdeckt hatte, in vollem Aufruhr. Bedrückungen der Eingeborenen durch die von Columbus dorthin verpflanzten Kolonisten waren die Ursache.«
San Salvador hatte Kolumbus bereits auf seiner ersten Fahrt entdeckt. Auf der zweiten Reise nahm er dann einige Inseln der Kleinen Antillen für die spanische Krone in Besitz – so zum Beispiel Dominica, Santa Maria de Guadalupe und Santa Maria de Monserrate –, bevor er San Juan Bautista (Puerto Rico) erreichte, von wo er weiter nach Hispaniola (Haiti) und später zur Insel Juana (Kuba) gelangte.
Die Indios, die Bewohner von Haiti, deren Aufstand von Christoph Kolumbus 1495 nicht »beschwichtigt«, sondern niedergeschlagen wurde, werden hier historisch unzutreffend als nordamerikanische Prärie-Indianer dargestellt.

9./10. »Eroberung Mexiko's«, Liebig Company's Fleisch-Extract, 1897.
9. »Cortez lässt Montezuma gefangen nehmen (14. Nov. 1519)«.
10. »Einzug in das eroberte Mexiko (Aug. 1521)«.
9./10. Der spanische Konquistador Hernán Cortés (1485–1547) eroberte 1519 das Reich der Azteken, nahm deren Oberhaupt Montezuma gefangen und zerstörte die Hauptstadt Tenochtitlán. Die anschließend wieder aufgebaute Stadt erhielt den Namen Ciudad de México (heute Mexiko-Stadt). Mit der Eroberung und Zerstörung des Aztekenreiches hatte Cortés den Grundstein für das spanische Imperium in Mittel- und Südamerika gelegt.

9 10

11

12 

11. »Pizarro. Schreckensherrschaft der Spanier«, aus dem Album »Abenteurer und Entdecker«, Holsteinsche Margarinewerke Wagner, Elmshorn 1951.
Der – wie Cortés – für seine Grausamkeit berüchtigte spanische Konquistador Francisco Pizarro (1476 oder 1478–1541) eroberte in den Jahren 1532/33 das Reich der Inka in Peru. Der Spanier, der mehrere Erkundungsfahrten nach Mittel- und Südamerika unternommen hatte, war dort vor allem auf der Suche nach Gold. Wohl die Eroberung des Aztekenreiches durch Hernán Cortés als Vorbild vor Augen, wollte es Pizarro diesem mit der Einnahme des Inkareiches gleichtun. In der Schlacht von Cajamarca im November 1532 konnte Pizarro den Herrscher der Inka, Atahualpa, gefangen nehmen und ließ die meisten seiner Soldaten niedermetzeln. Obwohl Atahualpa enorme Lösegelder zahlte, wurde er schließlich hingerichtet. Anschließend zogen die Spanier in die Inka-Hauptstadt Cuzco ein. Pizarro selbst wurde 1541 in Lima von konkurrierenden Konquistadoren ermordet.
Dieses Bild kann mit seiner kolonialismuskritischen Darstellung als eine Ausnahme unter den Sammelbildern betrachtet werden. Nach dem Zweiten Weltkrieg, mithin im beginnenden Zeitalter der Dekolonisation erschienen, klagt es die Grausamkeiten der spanischen *Conquista* an.

12. »Alexander von Humboldt. Erforschung Brasilien's, 1800–1804«, Liebig Company's Fleisch-Extract, 1891.
Der deutsche Naturforscher Alexander von Humboldt (1769–1859) unternahm zwischen 1799 und 1804 eine mehrjährige Forschungsreise durch Süd- und Mittelamerika, die ihn unter anderem nach Venezuela, Ecuador, Brasilien, Kuba und Mexiko führte. Humboldt gilt als der »andere Entdecker« und Erforscher Lateinamerikas und wurde der friedliche, der bessere Kolumbus genannt. Er trat als Kritiker jeglichen Kolonialismus auf. Im *Kosmos,* seinem Hauptwerk, sprach sich Humboldt gegen die »unerfreuliche Annahme von höheren und niederen Menschenrassen« aus und stellte damit einen zentralen Bestandteil der Kolonialideologie in Frage. Simon Bolivar, Symbolfigur des südamerikanischen Unabhängigkeitskampfes, sagte über ihn: »Baron von Humboldt hat für Amerika mehr Gutes getan als alle Konquistadoren zusammen.« Humboldt, als der »beste Kolonist der Welt«, wurde von der Reklameindustrie allerdings nur selten im Bild gewürdigt. Andere fanden nie Aufnahme in die Welt der Sammelbilder wie zum Beispiel ein Ludwig Leichhardt. Der Brandenburger hatte in den 40er Jahren des 19. Jahrhunderts unter großen Strapazen den australischen Kontinent durchquert. Er gilt bis heute als der Alexander von Humboldt Australiens.

13

14

13. »Ein sterbendes Volk«, aus dem Album »Die Welt in Bildern«, Cigarettenfabrik Josetti GmbH, o. J. [Ende der 20er Jahre]. Meist wird der nordamerikanische Indianer auf den Sammelbildern als Personifizierung des im Einklang mit der Natur lebenden Menschen oder als »edler Wilder« präsentiert. Dergestalt musste die idealisierte Kultur der Indianer als Antithese zum »verderbten Europa« herhalten. Gleichzeitig erschien sie zum Untergang verurteilt, da sie der vordringenden Zivilisation des Westens nichts entgegenzusetzen hatte. So war mit solchen Bildern stets auch ein nostalgischer Blick verbunden, wie auf der hier abgebildeten Seite eines Sammelalbums mit vermeintlich »typischen« Prärie-Indianern. Anhand von Kleidung und Schmuck sind sie nicht genauer zu identifizieren; und das Bild oben links zeigt keine Frau (»Squaw«), sondern einen Mann.

14. »Bilder aus dem Westen«, Liebig's Fleisch-Extract, 1911. Der (erfolgreiche) Krieg gegen die nordamerikanischen Indianer gehörte lange Zeit zum Gründungsmythos der USA.

No. 32. Gefangene aufständische Indianer
vor ihrer Erschiessung am 9. August 1890 in der Schlacht bei Wounded Knee.

15

15. »Gefangene aufständische Indianer vor ihrer Erschiessung am 9. August 1890 in der Schlacht bei Wounded Knee«, aus dem Album »Chicago Weltausstellung 1893«, Der ächte Dr. Bergelt's Magenbitter, Richard Baumeyer, Glauchau.
Bei Wounded Knee (South Dakota/USA) fielen etwa 300 Dakota-Sioux einem Massaker der US-Truppen zum Opfer. Durch dieses Ereignis wurde der Widerstand der Indianer gegen die Weißen weitgehend gebrochen.
Die im Vordergrund des Bildes zu sehende Tafel besagt, dass die Aufnahme die »Big Foot's Band« bei einem rituellen Tanz am Cheyenne River am 9. August 1890 »vor ihrer Erschiessung« zeigt. Diese Bildlegende ist irritierend, da die Schlacht bei Wounded Knee erst am 29. Dezember 1890 stattfand. »Big Foot« nannten die Weißen Si Tanka, das Oberhaupt der Minneconjou-Lakota-Indianer, der ebenfalls in Wounded Knee sein Leben verlor.
Die Ereignisse von Wounded Knee nehmen heute einen zentralen Platz in der Erinnerungskultur der *Indian-American* sein. 1973 besetzten Mitglieder der indianischen Widerstandsorganisation »American Indian Movement« für zweieinhalb Monate den gleichnamigen Ort um gegen Menschrechtsverletzungen in den Reservaten zu protestieren.

Prinz Heinrich v Preussen
REICHSPOST
PF. 10 PF.
Das Geschwader in der Bucht Kiautschou

Europäische Phantasien – Träume imperialer Größe

Wie in diesem Kapitel deutlich wird, wurden die Sammelbilder in der Regel als Sechser-Serien herausgegeben. Die Serien kolonialer Sammelbilder verraten etwas von dem imperialen Herrschaftsanspruch über die Fremde, von den Allmachtsphantasien des »weißen Mannes«, sich den »Rest der Welt« unterwerfen zu wollen. Die Titel der Bildserien – »Koloniengründungen«, »Kolonien europäischer Mächte«, »Französische Kolonien«, »Die deutschen Kolonien« – bringen Besitzerstolz zum Ausdruck. Vielen Bildern haftet etwas Triumphales an, unverhohlen präsentieren sie koloniales Herrenmenschentum. Die Kolonien boten dem Europäer eine Art Bühne, auf der er sich als »imperial race« inszenieren konnte.

Auffällig ist, dass die Darstellungen sich sowohl hinsichtlich der Herkunftsländer als auch in der Thematisierung der Kolonialgeschichte nicht unterscheiden. Dies ist damit zu erklären, dass die auf den internationalen Märkten tätigen Firmen die Serien zwar mit Textaufdrucken in der jeweiligen Landessprache veröffentlichten, jedoch mit identischen Motiven. Im Rückblick zeigt sich darin auch, wie sehr der Kolonialismus als ein europäisches Projekt angesehen wurde.

Die Serien zu den wilhelminischen Kolonien enthielten für das deutsche Publikum eine besondere Botschaft: Das Deutsche Reich beanspruchte durch seinen 1884 erworbenen Kolonialbesitz – verbunden auch mit seiner expansiven Flottenpolitik – nicht mehr nur eine kontinentale Großmacht, sondern gar eine Weltmacht zu sein. Stolz hatte der für seine Renommiersucht bekannte Kaiser Wilhelm II. im Jahr 1896 verkündet, aus dem Deutschen Reich sei ein »Weltreich« geworden. Und ganz in diesem Sinne schrieb 1906 der ehemalige Gouverneur von Deutsch-Ostafrika, Eduard von Liebert: »Kolonialbesitz bedeutet Macht und Anteil an der Weltherrschaft.« Im deutschen Kaiserreich von 1871 als einer – wie Belgien und Italien – »verspäteten« Kolonialmacht war damals das Bedürfnis weit verbreitet, den viel beneideten Rivalen England und Frankreich Paroli bieten zu können. Die Kolonien in Übersee wurden in kolonialen Kreisen auch als »Jungbrunnen«, als »Schule der Nation« gesehen, wo sich das »wahre Deutschtum« entfalten und bewahrt werden könne.

Die hier ebenfalls versammelten Bildserien aus Belgien, die in den 50er und 60er Jahren erschienen sind, lassen erkennen, dass sich der Gebrauch kolonialer Motive auch noch nach dem Zweiten Weltkrieg nahezu unverändert fortsetzte, und dies ganz offensichtlich unbeeindruckt von dem nun nicht nur auf dem afrikanischen Kontinent machtvoll einsetzenden Dekolonisierungsprozess. Einem gewissen Wandel unterlag allein die Ästhetik der belgischen Bildserien. Die künstlerische Ausführung ist weniger in einer »naiven« Malweise, sondern eher im Stile einer sachlichen Bildreportage gehalten, nicht zuletzt um dem Dargestellten mehr Glaubwürdigkeit zu verleihen.

1. bis 6. »L'origine de diverses colonies« (deutsche Version: »Koloniengründungen«), Liebig Company's Fleisch-Extract, um 1922/23.
Für diese Serie wurden – relativ willkürlich – sechs Ereignisse der europäischen Kolonialgeschichte ausgewählt:

1. 1502: Der portugiesische Entdecker Vasco da Gama besetzt Calicut in Indien. Vasco da Gama hatte zuvor die Stadt mit seinen Kanonen in Schutt und Asche schießen lassen. Durch die Gründung weiterer Stützpunkte in Indien und Ostafrika sicherte er Portugal das Handelsmonopol im Indischen Ozean.

1

2. 1584: Sir Walter Raleigh landet an der Küste von Virginia.
Sir Walter Raleigh (um 1554–1618), der berühmte englische Seefahrer und Schriftsteller, war ein Günstling der Königin Elisabeth I. Durch seine zahlreichen Raub- und Entdeckungsfahrten nach Übersee wurde Raleigh ein Vorkämpfer für die englische Dominanz gegenüber Spanien auf den Weltmeeren. Allerdings schlug sein früher, in den Jahren von 1584 bis 1589 unternommener Versuch fehl, englische Kolonisten in Virginia (North Carolina) anzusiedeln.

2

3. 1644: William Penn schließt mit Indianern einen Vertrag und gründet die Kolonie Pennsylvania.
Der Quäker William Penn (1644–1718) hatte in vielen Ländern Europas Siedler für die Quäker-Kolonien in der »Neuen Welt« angeworben. 1681 ernannte der englische König Karl II. Penn zum Gouverneur des später Pennsylvania genannten Gebietes (einem Bundesstaat in den heutigen USA). Penn bezeichnete seinen religiösen Quäker-Staat – den einzigen, den es je in der Geschichte gab – als »heiliges Experiment«; er existierte bis 1756.

3

4 

5 

6 

4. 1830: Die Franzosen landen in Sidi-Ferrusch.
Am 14. Juni 1830 traf in der Bucht von Sidi-Ferrusch, einem kleinen Küstenort in der Nähe von Algier, eine französische Invasionsflotte von 75 Kriegs- und 400 Transportschiffen ein. Das Landungsheer stand unter dem Befehl von Generalleutnant Bourmont und umfasste etwa 37 000 Mann. Mit der Besetzung von Sidi-Ferrusch nahm die Eroberung Algeriens durch Frankreich ihren Anfang (siehe auch Kommentar zu Bild 20).

5. 1884: Die Deutschen ergreifen Besitz von ostafrikanischem Territorium.
Das Bild zeigt Carl Peters und seine Usagara-Expedition beim »Erwerb« der Kolonie Deutsch-Ostafrika (siehe die Bildanalyse in der Einleitung).

6. 1891: Sultan d'Obbia unterzeichnet den Vertrag, der den Italienern das »Protektorat« über Somalia sichert.
Im 19. Jahrhundert brachten die Sultane von Oman die Städte an der ostafrikanischen Benadirküste unter ihre Herrschaft. Von 1885 bis 1905 eroberten die Italiener Somaliland. Das im Norden gelegene britische Protektorat Somalia beschränkte sich zwischen 1899 und 1920 auf die Küstenplätze um Zeila und Berbera. Der heute als somalischer Nationalheld verehrte Muhammad ibn 'Abd Allāh Hassān führte in den Jahren von 1899 bis 1920 in der Region einen Aufstand gegen die beginnende britische, italienische (und äthiopische) Fremdherrschaft über die Somali an. 1960 entließen Italien und Großbritannien ihre somalischen Gebiete in die Unabhängigkeit. Britisch-Somaliland und Italienisch-Somaliland schlossen sich zur Republik Somalia zusammen. Bis heute leidet das Land unter den innenpolitischen Konflikten zwischen dem Norden und dem Süden und Osten, zwischen Clans und Parteien sowie unter den gespannten äthiopisch-somalischen Beziehungen.

7 8

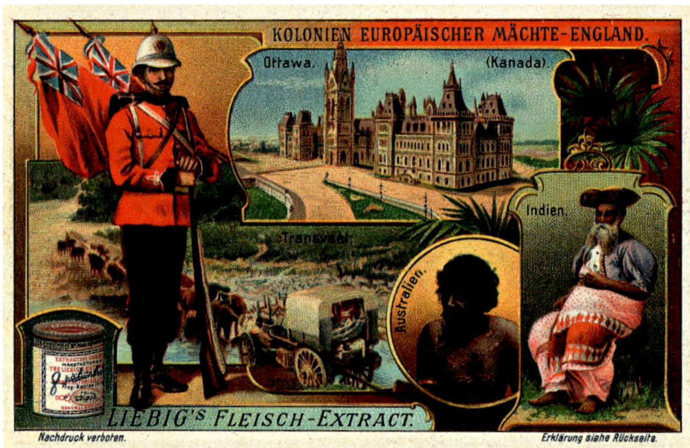

9 10

11 12

7. bis 18. »Kolonien europäischer Mächte«, Liebig Company's Fleisch-Extract, 1912.
7./8. »Deutschland. Dorf in Kamerun, Ost-Afrika, Kamerun, Lome (Togo)«.
9./10. »England. Ottawa (Kanada), Transvaal, Australien, Indien«.
11./12. »Italien. Erythräa, Assab am roten Meer, Somali«.
13./14. »Holland. Borneo, europäisches Wohnhaus in Borneo, Java, Canal in Soarabaja«.
15./16. »Frankreich. Palast der Ex-Königin Ranavalo – Antananarivo (Madagaskar), Algier, Indo-China, Pointe à Pitre – Guadeloupe«.
17./18. »Belgien. Fähre über den Kongo, Eisenbahn in Falahalla«.

13 14

LIEBIG'S FLEISCH-EXTRACT.
hergestellt in FRAY-BENTOS (Uruguay) und COLON (Argentinien).

Die wässerigsten Suppen und die flauesten Gemüse werden wohlschmeckend und bekömmlich durch Beifügung des echten Liebig's Fleisch-Extracts. Unentbehrlich in jeder guten Küche. Man hüte sich vor Nachahmungen.

Nur echt, wenn jeder Topf den Namenszug „J. v. LIEBIG“ in blauer Schrift quer durch die Etikette trägt.

Kolonien europäischer Mächte.

Die Niederlande haben ihren kolonialen Besitzungen einen grossartigen wirtschaftlichen Aufschwung, das Gedeihen ihres Gewerbfleisses und einen weitumfassenden Handelsbetrieb zu danken. Viele ihrer früheren sehr wichtigen Besitzungen haben ihnen im Laufe der Jahrhunderte die Engländer entrissen, so namentlich Südafrika. Heutzutage herrscht das Königreich noch über ostindische Länder von 1,915,417 Geviertkilometer Ausdehnung mit 36 Millionen Einwohnern, ferner in Amerika, besonders Westindien über Gebiete von zusammen 130,230 qkm. mit 135,000 Einwohnern.

OXO Bouillon der Compagnie Liebig.
Reine gewürzte Fleischbrühe.
1½ - 2 Theelöffel voll zu einer Tasse heissen Wassers geben eine vorzügliche Bouillon. — Sofort trinkfertig.

Zur GRATIS-Verteilung.

15 16

LIEBIG'S FLEISCH-EXTRACT

Heutzutage, wo es Liebig's Fleisch-Extract gibt, das sich durch seine leichte und vielseitige Verwendbarkeit und die mannigfachen Vorteile, die es bietet, so allgemeine Anerkennung erworben hat, dürfen kraftlose, flaue Gerichte gar nicht mehr vorkommen. Eine Messerspitze voll Liebig verschafft ja Suppen, Saucen, Gemüsen und Fleischspeisen im Augenblick den kräftigsten und köstlichsten Wohlgeschmack, sodass man wohl getrost sagen darf: Ohne Liebig keine gute Küche!

Kolonien europäischer Mächte.

Frankreich betrieb erst unter Ludwig XIV. eine Kolonialpolitik in grösserem Massstabe, durch unglückliche Kriege mit England verlor es sehr viel von seinen Besitzungen. Dafür entschädigte es sich im 19. Jahrhundert namentlich durch die Eroberung von Algerien; ferner erwarb es wichtige Gebiete besonders in Senegambien, an der Elfenbeinküste; es unterwarf Dahome und das reiche Madagaskar (1896), dann folgte in Hinterindien Kochinchina, Annam, Tongking. In Amerika besitzt Frankreich St. Pierre, Miquelon, Guadeloupe, Martinique, einen Teil von Guayana; auch in der Südsee liegen französische Besitzungen. Der Gesamtflächenraum beläuft sich auf etwa 8 Millionen Geviertkilometer mit etwa 50 Millionen Einwohnern.

OXO Bouillon der Compagnie Liebig.
Reine gewürzte Fleischbrühe.
1½ - 2 Theelöffel voll zu einer Tasse heissen Wassers geben eine vorzügliche Bouillon. — Sofort trinkfertig.

Zur GRATIS-Verteilung.

17 18

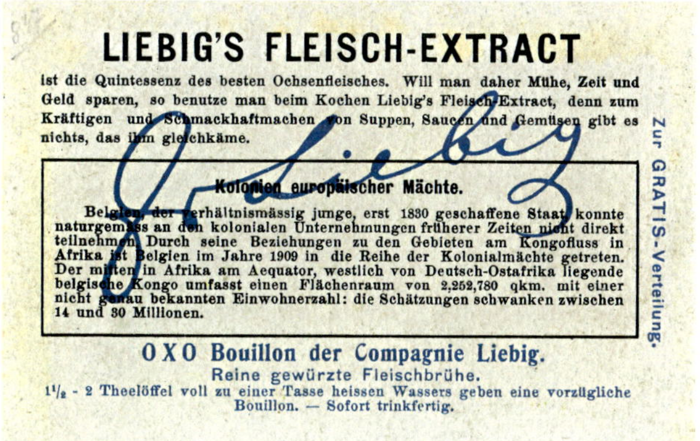
LIEBIG'S FLEISCH-EXTRACT

ist die Quintessenz des besten Ochsenfleisches. Will man daher Mühe, Zeit und Geld sparen, so benutze man beim Kochen Liebig's Fleisch-Extract, denn zum Kräftigen und Schmackhaftmachen von Suppen, Saucen und Gemüsen gibt es nichts, das ihm gleichkäme.

Kolonien europäischer Mächte.

Belgien, der verhältnismässig junge, erst 1830 geschaffene Staat, konnte naturgemäss an den kolonialen Unternehmungen früherer Zeiten nicht direkt teilnehmen. Durch seine Beziehungen zu den Gebieten am Kongofluss in Afrika ist Belgien im Jahre 1909 in die Reihe der Kolonialmächte getreten. Der mitten in Afrika am Aequator, westlich von Deutsch-Ostafrika liegende belgische Kongo umfasst einen Flächenraum von 2,252,780 qkm. mit einer nicht genau bekannten Einwohnerzahl: die Schätzungen schwanken zwischen 14 und 30 Millionen.

OXO Bouillon der Compagnie Liebig.
Reine gewürzte Fleischbrühe.
1½ - 2 Theelöffel voll zu einer Tasse heissen Wassers geben eine vorzügliche Bouillon. — Sofort trinkfertig.

Zur GRATIS-Verteilung.

7. bis 18. Diese Bildserie zeigt in Ausschnitten Kolonien von Deutschland, England, den Niederlanden, Italien, Frankreich und Belgien. Indem sie Menschen, Städte und Landschaften in den Kolonien porträtieren, geben sich die einzelnen Bilder informativ, ebenso wie die auf den Rückseiten gedruckten Texte, die sich auf die Wiedergabe von historischen Daten, auf Angaben zur Größe und Einwohnerzahl der Kolonien beschränken. Diese Informationen werden allerdings durch ein Element im Bildaufbau überlagert: Die übergroß dargestellten Repräsentanten der jeweiligen Kolonialmacht samt ihren Hoheitszeichen dominieren die Bilder und damit auch die Bildaussage: Es geht nicht primär um die Kolonien und ihre Bewohner, sondern um den Besitz- und Herrschaftsanspruch der europäischen Kolonialmächte.

19. bis 24. »Französische Kolonien«, Liebig Company's Fleisch-Extract, 1909.

19

19. »Französisch-Indochina. Ansicht von Saigon«.
Die Kolonie Französisch-Indochina bestand von 1887 bis 1954 und umfasste das heutige Laos, Kambodscha und Vietnam.

20

20. »Algerien. Ansicht der Stadt Algier«.
Ab 1830 begannen die Franzosen mit der Eroberung Algeriens. Das Land gehörte schließlich – als Siedlungskolonie – zu den wichtigsten Besitzungen im französischen Kolonialreich. Die in immer größerer Zahl in die Kolonie einwandernden französischen Siedler drängten die einheimische Bevölkerung in die weniger fruchtbaren Gebiete ab. Die Folge waren immer wieder auftretende Aufstände gegen die koloniale Fremdherrschaft. Ab Ende der 30er Jahre des 20. Jahrhunderts kämpfte eine Befreiungsbewegung für die Loslösung Algeriens von Frankreich. Nach einem blutigen Kolonialkrieg, der Hunderttausenden von Menschen das Leben kostete, musste Frankreich 1962 die Unabhängigkeit des Landes anerkennen.

21

21. »Senegal. St. Louis, Marktplatz von Sor«.
Die Stadt Saint-Louis, die bereits 1659 als erste französische Siedlung in Afrika gegründet wurde, liegt an der nordwestlichen Küste von Senegal. Sie war bis 1902 Hauptstadt von Französisch-Westafrika, dann wurde sie in dieser Funktion von Dakar abgelöst. Aufgrund ihrer Insellage gilt Saint-Louis als das »Venedig Afrikas«. Die Stadt, die das kulturelle Zentrum des Senegals ist, zählt seit 2000 zum UNESCO-Weltkulturerbe.

22

22. »Martinique. St. Pierre vor dem Erdbeben von 1902«.
Die Karibikinsel Martinique gehört zu den Kleinen Antillen. Sie wurde ab 1635 von Frankreich kolonialisiert und ist heute eines der französischen Überseedepartements. 1902 kam es zu dem verheerenden Ausbruch des Vulkans Mont Pelé, bei dem auch die Stadt St. Pierre zerstört wurde und die meisten ihrer Einwohner umkamen.
Oben links in dem Sammelbild ist eine Zuckerrohrplantage zu sehen. Jahrhundertelang wurde der Rohrzucker durch Sklaven angebaut, von denen man 60 000 im Jahr 1783 zählte. Erst 1848 wurde die Sklaverei endgültig aufgehoben.

23

23. »Madagaskar. Ansicht von Tananarivo«.
Madagaskar – der von der Fläche her zweitgrößte Inselstaat der Welt – wurde in der Kongo-Akte von 1885 Frankreich als Interessengebiet zugesprochen. Im Jahr 1896 setzten die Franzosen ihre Vorherrschaft gegen den Widerstand der Madagassen endgültig durch. Nur mit zum Teil brutaler Militärgewalt konnte Frankreich seine Kolonialherrschaft auf Madagaskar aufrechterhalten und musste das Land 1960 in die Unabhängigkeit entlassen.

24

24. »Französisch-Guyana. Ansicht von Cayenne«.
Ab 1604 hatten sich französische Siedler in dem im nördlichen Südamerika gelegenen Gebiet, dem heutigen Französisch-Guayana mit der Hauptstadt Cayenne, niedergelassen. Es gehört seit 1947 zu den Überseedepartements von Frankreich und ist damit eine »Region« der französischen Republik. Französisch-Guayana besitzt in der Pariser Nationalversammlung und im Senat je zwei Mandate.

25 26

27 28

25. bis 30. »Die deutschen Kolonien«, Aulhorn's Nähr-Kakao, um 1910.

25. »Togo, Kamerun«.

26. »Deutsch-Südwestafrika mit Angra Pequena«.

27. »Deutsch-Ostafrika«.

28. »China, Kiautschou«.

29. »Karolinen, Marianen oder Ladronen, Marschall-Inseln«.

30. »Neu-Guinea, Bismarck-Archipel, Samoa, Salomon-Inseln«.

25. bis 30. Diese Bildserie gibt wie andere ähnliche auch (siehe die Serien auf den Seiten 76 bis 81) einen Überblick über die überseeischen Besitzungen des Deutschen Reiches. Neben den Kartenausschnitten, die über die geographische Lage der Kolonien informieren, und den nationalen Hoheitszeichen dominieren hier meist exotisierende Darstellungen von Einheimischen und ihren Kunstwerken, Waffen und Gerätschaften das Bild.
Die »tribalen« Kunstwerke, die hier zu sehen sind, eigneten sich die Kolonialherren genauso an wie das Land. Im Verlauf der Kolonialherrschaft wurden viele der Werke geraubt oder fanden ihren Weg auf (halb-)legalem Weg in die völkerkundlichen Museen der westlichen Welt. Die materielle und ideelle Enteignung der kolonisierten Völker ging Hand in Hand: Die Kolonialherrschaft ermöglichte die »Erschließung« der überseeischen Territorien wie die wissenschaftliche Erforschung der »Naturvölker«. Dabei raubte sie ihnen große Teile ihrer geschichtlichen Überlieferung und gab diese durch den Kontakt mit der europäischen Kultur der Verwestlichung und damit der Zerstörung preis.

KAROLINEN • MARIANEN oder LADRONEN • MARSCHALL INSELN
DIE DEUTSCHEN KOLONIEN.
GROSSER ODER STILLER OZEAN
MARIANEN ODER LADRONEN
PALAO
KAROLINEN
MARSCHALL INSELN
5.
AULHORN'S NÄHR-KAKAO.
29

DIE DEUTSCHEN KOLONIEN
NEU-GUINEA • BISMARCK-ARCHIPEL • SAMOA • SALOMON INSELN
NEU GUINEA
BISMARCK ARCHIPEL
SALOMON INSELN
KORALLEN MEER
SÜD-SEE
6.
AULHORN'S NÄHR-KAKAO.
30

Aecht Pfeiffer & Diller's Kaffee-Essenz.
Prinz Heinrich v. Preussen
Reichspost
Kiautschou
Pf. 10 Pf.
Die Deutschen in Kiautschou.
Das Geschwader in der Bucht Kiautschou.

31

Aecht Pfeiffer & Diller's Kaffee-Essenz.
Capitän z.S. Stubenrauch.
Landung der ersten Truppen.
Die Deutschen in Kiautschou.

32

33

31. bis 33. »Die Deutschen in Kiautschou«, Aecht Pfeiffer & Diller's Kaffee-Essenz, um 1900.
31. »Das Geschwader in der Bucht Kiautschou«.
32. »Landung der ersten Truppen«.
33. »Übergabe des Fort«.

31. bis 33. »Unsere Zukunft liegt auf dem Wasser«, hatte Kaiser Wilhelm II. am 23. September 1898 bei der Eröffnung des Stettiner Hafens verkündet. In der wilhelminischen Ära standen die Flotten- und die Kolonialpolitik rhetorisch im Zentrum der angestrebten »Weltmachtpolitik«. Maritime und imperialistische Motive waren stets eng miteinander verbunden.
Die Führungsschichten aus Militär und Politik im deutschen Kaiserreich sahen die Weltpolitik als Aufgabe, Weltmacht als Ziel und die Flottenrüstung als Instrument zur Durchsetzung dieses Ziels.
Zusammen mit den anderen national-imperialistischen Interessenverbänden wie dem »Alldeutschen Verband«, dem »Deutschen Flottenverein« oder dem »Verein für das Deutschtum im Ausland« agitierten sie für eine forcierte Flottenbaupolitik, sie sei die unentbehrliche Grundlage für deutsche Kolonialansprüche und eine weltpolitische Machtentfaltung des Deutschen Reiches (Kanonenbootdiplomatie).
An Bemächtigungswünschen für koloniale Räume mangelte es den Kolonialpropagandisten nicht. Außenpolitische Themen waren immer häufiger außerhalb Europas angesiedelt, wie die Auseinandersetzungen um das Taku-Fort in China, um Samoa oder die sogenannte Marokkokrise belegen. Allerdings ging die zur nationalen Prestigeangelegenheit aufgebauschte Flottenrüstung mit einer Krise der deutsch-britischen Beziehungen einher und führte zu einer Annäherung Großbritanniens an Frankreich.
Flottenpropaganda und Kolonialbestreben waren in keiner anderen deutschen Kolonie so eng miteinander verzahnt wie im Fall des »Pachtgebietes« Kiautschou in China, das auch nicht unter der Verwaltung des Reichskolonialamtes stand, sondern unter der des Reichsmarineamtes. Dies spiegeln die Bilder aus der Serie »Die Deutschen in Kiautschou« wider, mit ihren Kriegsschiffen, den Porträts ihrer Kommandanten und Marinesoldaten. Auf der Rückseite des Bildes 33 heißt es: »Bei dem Anrücken der mit klingendem Spiel marschierenden Deutschen verloren die Chinesen den Muth und flohen auf und davon. Der chinesische Commandant übergab dem Capitain Rosenthal die Befestigungen und stellte sich unter deutschen Schutz. Unter Hurrah wurde die deutsche Flagge gehisst und dann die Stadt besetzt.« Mit diesem Ort ist die Hafenstadt Tsingtao gemeint.

COLONIALTRUPPEN: No1. DEUTSCHLAND.
C.H.KNORR'S NAHRUNGSMITTELFABRIKEN.
1. 2. 3. 4. 5. 6. 7. Siehe Rückseite.

34

COLONIALTRUPPEN: No2. FRANKREICH.
C.H.KNORR'S NAHRUNGSMITTELFABRIKEN.
1. 2. 3. 4. 5. 6. 7. 8. 9. 10. Siehe Rückseite.

35

36 37

38 39

34. bis 39. »Colonialtruppen«, C. H. Knorr's Nahrungsmittelfabriken, um 1910.
34. »Deutschland«.
35. »Frankreich«.
36. »Großbritannien«.
37. »Holland«.
38. »Italien«.
39. »Spanien und Portugal«.

34. bis 39. Die Serie »Colonialtruppen« führt sinnfällig das militärische Herrschaftsinstrument vor Augen, mit dem der jeweilige Kolonialstaat seine Macht vor Ort sicherte. Vor allem die militärisch ausgeübte Gewalt war in den Überseegebieten zur Aufrechterhaltung des Kolonialstaates unabdingbar und bildete damit die Grundlage imperialer Ordnung. Die in den Bildern zur Schau gestellte militärische Präsenz symbolisiert die scheinbar unumschränkte Herrschaft der Weißen in den Kolonien. Dabei hatten die Kolonialherren häufig nur »Inseln der Herrschaft« ausbilden, das heißt eine flächendeckende Vormachtstellung nur unzureichend durchsetzen können. Die Organisation und Stärke der in den Überseegebieten stationierten Kolonialtruppen hing von der Größe, der Lage, der politischen und wirtschaftlichen Bedeutung der jeweiligen Kolonie wie auch des »Mutterlandes« ab. Ganz überwiegend waren die Kolonialtruppen im Verhältnis zur Ausdehnung der Kolonien sehr schwach und mussten daher im Kriegsfall aufgestockt werden. Vor allem wurden aber, wie dies auf den Bildern deutlich wird, auch Einheimische rekrutiert, ohne deren Hilfe die koloniale Ordnung nicht aufrechtzuerhalten gewesen wäre. Um die Größenordnungen zu verdeutlichen: Frankreich besaß 1901 eine 79 000 Mann starke Kolonialarmee, davon rund 48 000 Franzosen und 31 000 »Farbige«, während die Kolonialtruppen Deutschlands – bestehend aus der Marineinfanterie, den »Kaiserlichen Schutztruppen« sowie den Polizeitruppen – knapp 4700 Deutsche und 4100 »farbige« Söldner umfasste. Für die größte Kolonialarmee, die britische, gibt es keine genauen Zahlen, aber allein die britisch-indische Armee hatte eine Kopfstärke von 281 500 Mann, darunter etwa 78 000 Weiße. Die Tatsache, dass in Afrika so viele Schwarze in den Kolonialtruppen der Weißen zu finden waren, lässt manchen Historiker von einer »Selbstkolonialisierung« sprechen. Was die deutschen »Schutztruppen« (oder die Polizeitruppen) betrifft, so hielt sich hartnäckig die Vorstellung, dass es sich bei den weißen deutschen Soldaten und Offizieren um eine Negativauslese gehandelt habe. Nur diejenigen sollen in den Militärdienst in den Kolonien eingetreten sein, die im Deutschen Reich nicht hatten Karriere machen können.

40. bis 45. »Geschiedenis van Belgisch Kongo« (Geschichte des belgischen Kongo), Liebig/Belgien (Fleisch-Extract), 1952.
Auswahl von Bildern einer belgischen Serie in Flämisch, der in Nordbelgien verbreiteten Sprache. Sie stellen die Kolonialgeschichte des Kongo als Fortschrittsprojekt dar. Als diese Bilder herausgegeben wurden, war der Kongo noch belgische Kolonie (bis 1959).

40. »Diego Cao (1482) – Entdeckung der Kongo-Mündung«.
Der portugiesische Seefahrer und Entdecker Diego Cão (gest. um 1486) stand im Dienste des portugiesischen Königs Johann II., der es sich zur Aufgabe gemacht hatte, einen Seeweg nach Indien um den afrikanischen Kontinent herum zu suchen. Über Cão liegen kaum gesicherte Kenntnisse vor; ihm werden zwei oder drei Reisen entlang der west- und südafrikanischen Küste zugeschrieben.

41. »Karema (1879) – Beginn der belgischen Einflussnahme im Kongo«.
In dem an der Ostküste des heutigen Tansania gelegenen Ort Karema errichteten die Belgier einen wichtigen Stützpunkt für ihre afrikanische Kolonialpolitik. Nach dem Ersten Weltkrieg war dort eine Missionsstation der »Weißen Väter«, einem in Afrika tätigen französischen katholischen Missionsorden, der vor allem in Ost- und Zentralafrika wirkte.

42. »Redjaf (1897) – Die Feldschlacht gegen die Madhisten«.
1897 wurde der ägyptische Militärposten Redjaf von den Truppen des belgischen Kongostaates erobert und zum Hauptort der Enklave von Lado gemacht. Im sogenannten Mahdi-Aufstand (1881–1899) erhob sich die afrikanische Bevölkerungsgruppe gegen die koloniale Fremdherrschaft im anglo-ägyptischen Sudan. Ende des 19. Jahrhunderts kam es zur Bildung des »Kalifats von Omdurman«.

40

41

42

43

43. »Der Arbeitsvertrag (1922) – Das Schicksal der inländischen Arbeiter«. Text auf der Rückseite: »Die moralische und materielle Verbesserung des Schicksals der Eingeborenen ist eines der Hauptziele der belgischen Koloniegründer gewesen.« Die am 16. März 1922 eingeführten Regelungen des Arbeitsvertrages hätten die soziale Sicherheit vergrößert. »Unser Bildchen zeigt die gelungene Synthese des Gleichgewichts zwischen Wissenschaft und Arbeit: die schwarzen Arzthelfer, die einen weißen Chirurgen unterstützen, und einen europäischen Facharbeiter, der die Kraftanstrengungen zweier Neger leitet.«

44

44. »Die Reform des Schulwesens (1922–1926) – Die Ausweitung des Unterrichts«.
Nach dem Ersten Weltkrieg war die Kolonialmacht Belgien darum bemüht – etwa durch Reformen in der Bildungspolitik –, den zivilisatorischen Aspekt ihrer Herrschaft im Kongo herauszustellen, nachdem die Kolonie als Privatbesitz Leopold II. in Verruf geraten war. Der belgische König hatte während seiner persönlichen Regentschaft über den Kongo (1885–1908) das Land mit auch für die damalige Zeit grausamen Methoden ausplündern lassen. In dieser Zeit soll sich die Bevölkerung des Kongo um zehn Millionen Menschen verringert haben.

45

45. »Foreami (1930) – Vorposten der Zivilisation«.
Die »Fondation Reine Elisabeth pour l'Assistance Médicale aux Indigénens« (Foreami) ist 1930 gegründet worden. Sie wurde von der belgischen Regierung, der belgischen Königin und von kongolesischen Stellen finanziert. Die Foreami-Stiftung sollte die medizinische Versorgung der Bevölkerung in der belgischen Kolonie Kongo verbessern helfen. Dieses Bild ist ein Paradebeispiel dafür, die Kolonialherrschaft als ein Fortschrittsprojekt zum Wohle der kolonisierten Völker darzustellen.

46

46. bis 49. »Pogingen tot belgische koloniale uitbreiding« (Versuche der kolonialen Ausbreitung Belgiens), Liebig/Belgien (Fleisch-Extract), um 1960.
46. »Jacques-André Cobbé, baron von Burlack en de Oostendse Compagnie«.
47. »Willem Bolts neemt bezit van het eiland Tristan da-Cunha (1775)«.
48. »Ontdekkingreis van Edward Blondeel in Abessinié (1840)«.
49. »Poging tot kolonisatie van Santo Tomas de Guatemala (1842)«.

47

46. bis 49. Die Belgier hatten, bevor sie 1885 den Kongo als Kolonie in Besitz nahmen, verschiedene Kolonisationsversuche in Übersee unternommen. Die Bildserie ist diesen Unternehmungen gewidmet. Sie zeigen den Antwerpener Jacques-André Cobbé in Diensten der Ostender »Ostindischen Compagnie« bei einer Audienz des indischen Fürsten Jaffar Khan (Bild 46); den Kaufmann Willem Bolts, wie er 1775 auf der abgelegenen südatlantischen Insel Tristan da Cunha, die er »Eiland Brabant« nannte, landet (Bild 47); den belgischen Generalkonsul in Alexandrien, Edward Blondeel, der in Äthiopien eine Kolonie gründen wollte, in Gesellschaft abessinischer Kaufleute (Bild 48); und die Hafenstadt Santo Tomas de Castilla (auch bekannt als Matías de Gálvez) in Guatemala, in der sich belgische Siedler niederließen (Bild 49).

POGINGEN TOT BELGISCHE KOLONIALE UITBREIDING
9. Ontdekkingsreis van Edward Blondeel in Abessinië - 1840
LIEBIG PRODUKTEN verminderen de uitgaven van het huishouden
Nadruk verboden.
Verklaring op keerzijde.

48

POGINGEN TOT BELGISCHE KOLONIALE UITBREIDING
10. Poging tot kolonisatie van Santo Tomas de Guatemala (1842)
LIEBIG PRODUKTEN VOOR SOEPEN : gezonde en smakelijke soepen
Nadruk verboden.
Verklaring op keerzijde.

49

AUS TRANSVAAL. – Kaffernkraal.
ACKERMANN'S

In der Fremde – Die Verlockungen von Abenteuer und Exotik

Afrika, der »dunkle Kontinent«, lockend mit Abenteuer und Exotik, ist ein nach wie vor existierendes Stereotyp, mit dem die westliche Tourismusindustrie bis heute versucht, auf Kundenfang zu gehen. Damals befriedigten die kolonialen Reklamesammelbilder – zusammen mit anderen Massenmedien wie etwa den Bildpostkarten – solche Sehnsüchte und beförderten zugleich den Wunsch, selbst daran teilzuhaben, und sei es nur auf der Ebene des Konsums. Die kolonialen Bilderwelten visualisierten den Topos vom »dunklen Kontinent« immer wieder aufs Neue. Entdeckungsreisende, Konquistadoren, Kolonialpioniere und Großwildjäger, sie alle zogen aus, um in der Wildnis ihr Eldorado zu finden, um sich (Lebens-) Raum zu schaffen oder den Traum von einem ungebundenen Leben zu verwirklichen.

So wie die Bilder vom »wilden Afrika« Fernwehgefühle weckten, so spiegeln sie aber auch die Suche nach einer anderen Identität, die des Herren über die Fremde, wider. In diesen rassistisch und exotistisch eingefärbten Projektionen manifestiert sich zudem die Sehnsucht nach einer vorindustriellen Welt, einer Welt jenseits des technischen Fortschritts und einer durchrationalisierten Moderne. Afrika erscheint als ein zugleich verlockendes und bedrohliches Gegenbild zum zivilisierten Europa, als Ort der Ursprünglichkeit und des Chaos, als Ort, wo »Wilde« und »Kannibalen« leben, als Ort der Magie und der Befriedigung sexueller Wünsche. Der Weiße, als Pionier in die »Wildnis« vordringend, verkörpert einerseits den Vorposten Europas, andererseits versteht er sich in scharfer Abgrenzung dazu als Weltläufigkeit demonstrierender Individualist und nicht als Massenmensch, wie all die anderen Daheimgebliebenen im überfüllten Europa. Die Fremde erstarrt dabei zu einer Kulissenlandschaft, in der die einheimischen Menschen lediglich als »exotische« Staffage ihren Platz haben.

Die Bilder dieses Kapitels verdeutlichen, dass bei den Bildmotiven vom »exotischen Afrika« durch die Jahrzehnte hindurch praktisch keine Veränderungen festzustellen sind.

1. bis 6. »Afrikaforscher«, Cibils, reine Fleischextrakte, um 1900.
Entdecker und Forschungsreisende übten seinerzeit eine große Faszination auf das Publikum aus. Ihre Erlebnisberichte gehörten zu den Bestsellern auf dem Buchmarkt.

1. »David Livingstone. Victoria-Fälle des Sambesi«.
Der bekannteste unter den Entdeckungsreisenden war sicherlich der schottische Arzt und Missionar David Livingstone (1813–1873). Er brachte fast 30 Jahre seines Lebens in Afrika zu. 1841 kam er zum ersten Mal ins südliche Afrika und arbeitete dort zunächst neun Jahre auf entlegenen Missionsstationen. Auf mehreren Expeditionen erforschte er die Kalahariwüste und den gesamten Verlauf des Sambesi. Er war der erste Europäer, der den Kontinent von Westen nach Osten durchquerte. Nach seinem Tod wurde der einbalsamierte Leichnam Livingstones von seinem afrikanischen Diener Jacob Wainwright nach London überführt, wo der populäre Afrikaheld im Westminster Abbey beigesetzt wurde.

2. »Emin Pascha. Wadelei«.
Eduard Schnitzer alias Emin Pascha (1840–1892), ein aus Schlesien stammender, ins Osmanische Reich ausgewanderter und dort zum Islam konvertierter Arzt, war zeitweise Verwalter der Provinz Äquatoria im anglo-ägyptischen Sudan; Wadelai in Norduganda diente ihm bis 1888 als Hauptquartier.

3. »Major v. Wissmann. Lager der Expedition«.
Hermann von Wissmann (1853–1905) unternahm zwischen 1880 und 1887 mehrere Forschungsreisen in Afrika. Zum Reichskommissar von Deutsch-Ostafrika ernannt, schlug er 1889/90 den »Araberaufstand« nieder, wofür er in den erblichen Adelsstand erhoben wurde. 1895/96 amtierte er als Gouverneur von Deutsch-Ostafrika.

1

2

3

4

5

6

4. »H. M. Stanley. Stanley findet Livingstone«.
Der britisch-amerikanische Afrikaforscher, Journalist und Buchautor Henry Morton Stanley (1841–1904) wurde international bekannt durch seine Suche nach dem im südlichen Afrika als verschollen geglaubten David Livingstone. Im Auftrag der amerikanischen Zeitung *New York Herald* spürte er Livingstone am 10. November 1871 auf dessen dritter Afrikareise (1865–1873) bei Ujiji in der Nähe des Tanganjika-Sees auf. »Doctor Livingstone, I presume?« (»Doktor Livingstone, nehme ich an«), ist der vielzitierte Satz, den Stanley bei der ersten Begegnung gesagt haben soll. Stanley erforschte auf einer weiteren Afrikaexpedition den Kongo-Strom. Vom belgischen König Leopold II. engagiert, »erwarb« er weite Gebiete des Kongo-Beckens, aus denen die belgische Kongo-Kolonie – bis 1908 im Privatbesitz von Leopold II. – hervorging. Das teilweise rücksichtslose Vorgehen, das Stanley dabei an den Tag legte, wurde in der Öffentlichkeit stark kritisiert.

5. »Dr. Heinrich Barth. Vor Timbuktu«.
Heinrich Barth (1821–1865) unternahm mehrjährige Forschungsreisen durch Nord- und Zentralafrika. 1849 schloss er sich der Expedition des Engländers James Richardson zur Erkundung des Sudans an, von der er nach sechs Jahren als einziger Europäer lebend zurückkehrte. Durch seine wissenschaftlichen Bücher gilt der Universalgelehrte als Begründer der Sahara- und Sudanforschung sowie als Vorläufer der interdisziplinären Afrikawissenschaften.

6. »Mungo Park. Auf dem Niger«.
Der aus Schottland stammende Mungo Park (1771–1806) erforschte zwischen 1795 und 1797 den Flusslauf des Niger und schrieb darüber seinen berühmt gewordenen Reisebericht *Travels in the Interior of Africa*. Bei einer zweiten Reise an den Niger kam er ums Leben.

7 8

7. David Livingstone in Afrika, Chocolat Lombart, um 1910.
Das Sammelbild nennt die Jahreszahlen 1867 bis 1873, also jene Jahre, in denen Livingstone sich auf seiner letzten Forschungsreise befand. Sie führte ihn bis zum Malawi-See und zum Tanganjika-See. Unermüdlich nach den Nilquellen suchend, starb er am 1. Mai 1873 in Ilala an der Dysenterie.
Das Bild zeigt den schottischen Afrikaforscher auf dem Orange River, dem Grenzfluss zwischen dem heutigen Namibia und der Republik Südafrika.

8. »1881. – Mission du Colonel Flatters au Nord du Sahara. Passage d'un marais«, Chocolat Lombart, um 1900.
Eine Expedition unter dem Kommando von Colonel Flatters suchte im Jahr 1881 eine geeignete Streckenführung für die geplante, aber völlig unrealistische Bahnlinie »Transsaharien«, die die Franzosen von Tunis zum Tschad-See und von dort über Timbuktu zum Senegal bauen wollten. Im Frühjahr 1881 wurde die Expedition von den Tuareg des Ahaggar-Gebirges niedergemacht.

9. »De Brazza. Erforschungsreisen im französischen Congo 1875–86«, Liebig Company's Fleisch-Extract, 1891.
Der französische Afrikareisende Pierre Savorgnan de Brazza (1852–1905) erforschte zwischen 1876 und 1878 Guinea, danach auf verschiedenen Reisen das Kongo-Gebiet. Von 1886 bis 1897 bekleidete er das Amt des Generalkommissars von Französisch-Kongo.
Nach de Brazza ist noch heute die Hauptstadt der Republik Kongo benannt (Brazzaville). Dort befindet sich seit 2006 auch ein Mausoleum, das die kongolesische Regierung für ihn bauen ließ.

10. »Emin Pascha. Im Innern Afrika's«, Liebig Company's Fleisch-Extract, 1891.
Emin Pascha unternahm ab Ende der 70er Jahre des 19. Jahrhunderts eine Reihe von Forschungsreisen durch Ost- und Zentralafrika, unter anderem 1889 mit Franz Stuhlmann eine Expedition zur Erkundung des Westens von Deutsch-Ostafrika. 1892 wurde er auf einer Expedition im Kongo-Gebiet ermordet.

9 
LIEBIG COMPANY'S FLEISCH-EXTRACT.
Siehe Rückseite.
DE BRAZZA. Erforschungsreisen im französischen Congo, 1875-86.

10 
LIEBIG COMPANY'S FLEISCH-EXTRACT.
Siehe Rückseite.
EMIN PASCHA. Im Innern Afrika's.

Lahusen's Jod-Eisen-Leberthran.
Wissmann in Afrika.
Festlichkeit in einem Negerdorf.

11

Lahusen's Jod-Eisen-Leberthran.
Wissmann in Afrika.
Bei dem Zwergvolk.

12

13

11./12. »Wissmann in Afrika«, Lahusen's Jod-Eisen-Leberthran, um 1910.
11. »Festlichkeit in einem Negerdorf«.
12. »Bei dem Zwergvolk«.

11./12. Die beiden Bilder zeigen Wissmann als Forschungsreisenden in Zentralafrika. Im Bild 12 werden die dort abgebildeten Afrikaner als Angehörige des »Zwergvolkes« bezeichnet. Diese Bezeichnung wie auch der in diesem Zusammenhang immer noch verwendete Begriff »Pygmäen« sind koloniale Fremdzuschreibungen, die heute nicht mehr verwendet werden sollten. Dass Wissmann nach seinem Tod 1905 zu einer Leitfigur für die deutsche Kolonialbewegung wurde, hängt allerdings weniger mit seinen Leistungen als Forschungsreisender zusammen, sondern mit der Tatsache, dass er der Begründer der vornehmlich aus schwarzen Söldnern bestehenden »Schutztruppe« in Deutsch-Ostafrika war, mit deren Hilfe er in den Jahren 1889/90 den »Araberaufstand« niederschlug. Heutzutage ist seine Person umstritten, da Wissmann als typischer Vertreter eines kolonialen Herrenmenschentums gilt.

13. bis 15. Seiten aus dem Marken-Album »Adolf Friedrich Herzog zu Mecklenburg. Ins innerste Afrika«, Verlag Lindner Leipzig, vor 1914.
Herzog Adolf Friedrich zu Mecklenburg (1873–1969), der auf der Albumseite (Bild 13) mit Pickelhaube zu sehen ist, war von 1912 bis 1914 Gouverneur der deutschen Kolonie Togo.
In den Jahren 1907/08 leitete er eine Expedition durch Zentralafrika, auf der die hier und auf den nächsten beiden Seiten abgedruckten Fotos für das Sammelalbum entstanden sind. Mit seiner knapp 700 Personen umfassenden Karawane bereiste er vor allem das Gebiet der Großen Seen und hielt sich auch einige Zeit am ruandischen Königshof auf (Bild 14 und 15). Ruanda, das mit Burundi den westlichsten Teil der Kolonie Deutsch-Ostafrika bildete, war dem Deutschen Reich auf der Kongo-Konferenz 1884/85 durch einen Strich über eine Afrikakarte zugesprochen worden. Zur Expedition Mecklenburgs gehörte eine Reihe von Wissenschaftlern, die im Zuge ihrer ethnologischen Untersuchungen auch bei unzähligen Afrikanern Körper- und Kopfvermessungen vornahmen. Mehr als 1000 Schädel brachte die Expedition schließlich heim ins Reich.

Nr. 48 Wassertragende Wanjaruanda
In langen Reihen, stark beschwert,
Wird hier ein Höhenweg durchquert.
Nr. 44 Hochsprung eines Mtussi
(2,50 Meter)
Selbst der Olympia-Hochsprung-Sieger
Müßt weichen diesem Höhenflieger!
Nr. 45 Bogenschießende
Wanjaruanda
Die Wanjarunda Bogenschützen
Sind altbewährte Kampfesstützen.
Nr. 42 In Bergen
In solchen Bergen zu marschieren
Ist kein gemütlich promenieren.
Am Rande des Rugege-Waldes
Zweitausend Meter über'm Meer
Gibt's hier noch Bergwald dicht und hehr.

14

Nr. 36 Hochsprung eines Mtussi
Nr. 38 Mhutu-Weib bei der Töpferarbeit
Mit Sicherheit, die ihm voraus,
Führt der Mtussi Sprünge aus.
Des Mhutu Weib formt voll Verstand
Manch' Hohlgefäß mit sicherer Hand.
Nr. 37 Mhutu mit „Regenschirm"
Der Mhutu weiß mit Bambusmützen
Vor Sonn und Regen sich zu schützen.
Nr. 39 Transport einer Hütte
Nr. 40 Hoftor in Ruanda
Statt umzuzieh'n mit Möbelwagen
Wird gleich die Hütte fortgetragen.
Dies Hoftor mit den Rohrichttüren
Ist schwer für Autos zu passieren

15

16. Erd-Bilder der Berliner Morgenpost, 1939. Pyramiden in Ägypten.
Ägypten, das Land der Pharaonen, der Pyramiden und des Nils, übte seit dem 19. Jahrhundert eine starke Faszination auf die Deutschen aus. Wie das Erscheinungsjahr des Bildes deutlich macht, änderte sich das auch nicht, als sich das »Dritte Reich« anschickte, einen neuen Weltkrieg vom Zaun zu brechen.

16

17

17. »Bilder aus Deutsch-Südwest-Afrika«, Marke Bintz, Corned-Beef, um 1905.
Ein ambivalentes Sammelbild: Während das auf der Vorderseite abgebildete Kolonialidyll Assoziationen an ein afrikanisches Arkadien weckt, warnt der rückseitige Textaufdruck vor der vermeintlichen Gefährlichkeit der Landesbewohner. Dort heißt es: »Hererohirten musizierend. Die Hereros bilden einen der vielen über Südafrika zerstreuten Kaffernstämme und gehören zu den unruhigsten Elementen, mit denen die Landesverwaltung zu rechnen hat. (…) Ihre ursprüngliche Bewaffnung bestand aus Speer, Bogen und Keule; letztere wird noch jetzt geführt, im Übrigen werden nur noch Feuerwaffen gebraucht. Auf unserem Bilde sieht man Hirten auf landesüblichen Instrumenten musizieren, im Gürtel steckt die Keule.«

18 

18. »Samoanische Tänzerin«, Liebig's Fleisch-Extract, 1902.
Deutlicher geht es kaum: das Klischee von der Südsee als exotischem Paradies. Im Rassendiskurs der deutschen Kolonialisten galten die Polynesier bzw. die Samoaner als »schöne Menschen«, als die »Germanen der Südsee«. Kaum ein Kolonialdeutscher oder Marinesoldat ließ es sich nehmen, sich mit wenig bekleideten Südseeschönheiten ablichten zu lassen. Die »dunklen« Menschen von Mikronesien und die »schwarzen« Melanesier wurden hingegen weniger positiv gesehen; Letztere galten als träge, kindlich, diebisch und kriegslüstern.

19 
DEUTSCHE KOLONIAL-BILDER DER BERLINER MORGENPOST

BILD 9 Die Herero-Frauen, die sich gern an die deutschen Farmer-Häuser des Schutzgebietes verdingen, tragen noch heute die deutsche Tracht der 90er Jahre. Daheim und auf der Straße schmücken sie sich dazu mit einem Kopftuch

QUITTUNG DER BERLINER MORGENPOST ÜBER 50 PFENNIG

9. Woche vom 2. März bis 8. März 1941. Quittungen, in denen Preis oder Bezugszeit geändert ist, sind ungültig

19. » Herero, Ovambo und Bergdamara«, Deutsche Kolonial-Bilder der Berliner Morgenpost, 1941.
Dass es sich bei den Kleidern der Herero-Frauen um deutsche Tracht handelt, wie in der Bildlegende behauptet, trifft nicht zu. Vielmehr waren sie viktorianischen, also britischen Ursprungs (siehe auch Kommentar auf Seite 90).

20 

20. »Seemann's Liebe. In Afrika«, Hauswaldt (Kakao), Magdeburg, um 1910.
Dieses Bild spiegelt die erotischen Verlockungen wider, die der »weiße Mann« in seinen Träumen mit den Kolonien verband (siehe auch Bild 14 auf Seite 212).

Seeligs Kaffeesurrogate.
Seeligs Kaffeesurrogate.
Aus dem dunklen Welttheil.
Gerichtshaltung eines Negerfürsten.

Seeligs Kaffeesurrogate.
Seeligs Kaffeesurrogate.
Aus dem dunklen Welttheil.
Hochzeitstanz bei den Gallas.

21 22

AUS TRANSVAAL. – Kaffernkraal.
3.
ACKERMANN'S SCHLÜSSELGARN.
Siehe Rückseite.

23

21. bis 25. Die Bilder beabsichtigen, ethnologische Informationen über die Alltagskultur und Riten der in den deutschen Kolonien lebenden Gesellschaften zu vermitteln. Über eine klischeehafte Darstellung kommen sie dabei aber kaum hinaus.

21./22. »Aus dem dunklen Welttheil«, Seeligs Kaffeesurrogate, Korn-Kaffee, Emil Seelig A.-G., Heilbronn, nach 1900.
21. »Gerichtshaltung eines Negerfürsten«.
22. »Hochzeitstanz bei den Gallas«.
Die Galla sind eine Bevölkerungsgruppe im nordöstlichen Afrika und das zahlenmäßig stärkste Volk in Äthiopien. Die Bezeichnung Galla ist inzwischen als abwertend verworfen und durch Oromo (Oromiffa – »die Starken«) ersetzt worden.

23. »Aus Transvaal. Kaffernkraal«, Ackermann's Schlüsselgarn, Mech. Zwirnerei, Sontheim b. Heilbronn, um 1910.
Transvaal im Norden Südafrikas war von Mitte des 19. Jahrhunderts bis 1902 eine unabhängige Burenrepublik und anschließend eine britische Kolonie. Nach dem Ende des Apartheidregimes in Südafrika wurde die Provinz Transvaal 1994 aufgelöst. Die Faszination für den »exotischen Fremden« verbindet sich hier mit einem diskriminierenden Vokabular, das die Afrikaner als »Kaffern« bezeichnet.

24. »Die deutschen Südsee-Inseln II: Bismarck-Archipel und Salomonen (Melanesien)«, Deutsche Kolonial-Bilder der Berliner Morgenpost, 1941.

25. »Die Kamerun-Völker Duala, Bakwiri und Jaunde«, Deutsche Kolonial-Bilder der Berliner Morgenpost, 1941.
Die Duala nehmen in der kolonialen Geschichtsschreibung Kameruns einen zentralen Platz ein. Sie gehörten zu denjenigen, die als Erste Kontakt mit den Europäern hatten und die sich durch ihre Rolle als »middlemen«, das heißt als Mittler zwischen den Kolonisierten und den Kolonialherren, im Lauf der Kolonialgeschichte stets von anderen Gruppen im Lande hervorhoben.

24

25

26 27

26. Blanko-Bild, 1900.
Die Bekleidung und Bewaffnung entspricht den rassistischen Klischees der Zeit: Der Weiße trägt einen Tropenanzug und ein Gewehr, der Schwarze ist mit einem Lendenschurz angetan und mit einem Speer bewaffnet. Was im Bild nur angedeutet wird: Da die meisten Weißen kaum über eigene geographische Kenntnisse des Landes verfügten und vielfach die afrikanischen Sprachen nicht beherrschten, waren sie in der Regel auf einheimische Führer und Übersetzer angewiesen.

27. »Überschreiten eines Flusses durch eine Expedition«, aus der Serie »Aus dem dunklen Welttheil«, Seeligs Kaffeesurrogate, Korn-Kaffee, Emil Seelig A.-G., Heilbronn, nach 1900.

28. »Reisen in Inner-Afrika«, Gartmann's Chocolade, nach 1900.

29. »Unsere Kolonien«, Kaiser's Wochenkalender 1938. Trägerkarawane.

27. bis 29. Trägerkarawanen gehörten in vielen deutschen Kolonien in Afrika, vor allem in den tropischen Gegenden, zum kolonialen Alltag, sei es bei Forschungsexpeditionen oder zum Warentransport. Wie auf den Karawanenbildern, die auf diesen beiden Seiten exemplarisch ausgewählt wurden, zutreffend zu sehen, waren die Lastenträger ausschließlich Schwarze. Im Unterschied zu Forschungsreisen aber, bei denen die Träger meist eine geringe Besoldung erhielten, erfolgten bei militärischen Expeditionen oft Zwangsrekrutierungen. Die Träger wurden strengstens bewacht, schlecht verproviantiert und nicht selten misshandelt. Obwohl sie bei den geringsten Verstößen mit drakonischer Bestrafung rechnen mussten, kam es deshalb immer wieder zu versuchten und gelungenen Fluchten von Trägern.
Ein anderes Problem ist auf den Sammelbildern ebenfalls kein Thema: Da die oft großen Expeditionen Proviant nur in begrenzten Mengen mitführen konnten, mussten Nahrungsmittel stets von der einheimischen Bevölkerung gestellt werden. Wo dies nicht freiwillig oder gegen Bezahlung geschah, wandten die Kolonialherren und ihre Askari rücksichtslos Gewalt an.

Gartmann's Chocolade
Serie 179
Bild 2
Reisen in Inner-Afrika

28

August
Trägerkarawane bei der Rast. Lange Zeit war die Trägerkarawane das einzigste Transportmittel in den Kolonien.
8 Montag
9 Dienstag
10 Mittwoch
1904 Entscheidungs-Schlacht am Waterberg (Deutsch-Südw.)
11 Donnerstag
1848 Turnvater Jahn geboren.
12 Freitag
13 Sonnabend
14 Sonntag

29

30. »Schönes Daressalam!«, Deutsche Kolonial-Bilder der Berliner Morgenpost, 1941.
Das koloniale Leben in Afrika wurde je nach Intention sehr verschieden dargestellt. Wenn es darum ging, die Leistungen der Deutschen herauszustellen, zeigte man auch einmal eine Straßenszene mit fast europäischem Flair. Meist dominierten aber – wie auf dem Bild unten – Gefahr, Abenteuer und Wildheit.

31. »Überfall einer Expedition«, aus der Serie »Aus dem dunklen Weltteile«, Cibils, reine Fleischextrakte, um 1900.
Text auf der Rückseite: »Die im Fetischdienste und kindlichem Aberglauben befangenen kampflustigen Wilden betrachten die Karawanen nur als gute Beute. Deshalb ist eine Forschungsreise nie vor einem Überfalle sicher, und wenn die Expedition nicht viele wohlbewaffnete Leute zählt, wird sie häufig vollständig vernichtet.«

30

31

32

33

32. »Südwest-Afrika: Ochsenwagen-Karawane«, Theodor Hildebrand & Sohn, Berlin, Hildebrand's Deutsche Schokolade, Deutscher Kakao, vor 1910.
Ein solches Bildmotiv weckte Sehnsüchte nach der Besiedlung eines vermeintlich menschenleeren »Niemandslandes«.

33. »Afrika. Jürgen Hansen erlebt den schwarzen Erdteil«, Sanella-Bilder, Margarine-Union AG, Sammelalbum, Hamburg 1952.
Im Begleittext zu diesem Bild heißt es: »Endlich! Hier waren die langgesuchten Buschmänner, die eine ihrer gewohnten Jagdmethoden, nämlich ›die Tiere zu Tode zu hetzen‹, ausgeübt hatten. (…) Die Buschmänner nahmen sofort eine abwehrende Haltung ein und schienen keineswegs über unser Kommen erfreut. Wie ein Riese wirkte Brand, als er mit den nur 1,50 Meter großen Buschmännern verhandelte.«
Die hier als »Buschmänner« bezeichneten Afrikaner nennen sich selbst nicht so, sondern etwa Haillom, Jul'hoansi oder Naro. »Buschmann« ist also eine kolonialistische Fremdbezeichnung. Schon die Zuordnung dieser Menschen als im »Busch« lebend ist Ausdruck eines rassistischen Denkens, das die Angehörigen dieser Volksgruppen, die heute wertneutral auch als »San« bezeichnet werden, auf eine »primitive« Kulturstufe stellt und damit stigmatisiert.

Lahusen's Jod-Eisen-Leberthran.
Wissmann in Afrika.
Elephanten-Jagd am Kassai.

34

Unter dem Aequator.
Krokodil Jagd am Nianza See.
Afrika.
5
Dr. THOMPSON's SEIFENPULVER

35

36

37

34. »Elephanten-Jagd am Kassai«, aus der Serie »Wissmann in Afrika«, Lahusen's Jod-Eisen-Leberthran, um 1910.
Zur Abenteuer- und Afrikaromantik gehörte auch die Großwildjagd, ob nun im Zuge einer Expedition oder – wie auf dem folgenden Bild – als Zeitvertreib der weißen Kolonialherren.

35. »Krokodil Jagd am Nianza See, Afrika«, aus der Serie »Unter dem Aequator«, Dr. Thompson's Seifenpulver, um 1915.
Nyanza-See war die ursprüngliche Bezeichnung der Einheimischen für das Gewässer, das die Europäer später Victoria-See nannten.

36./37. »Mit dem Auto quer durch Afrika!«, Mecklenburgische Margarine-Fabrik, A. Hoyer, Rostock, um 1935.
36. »Abfahrt von Daressalam«.
37. »Am Viktoriasee«.

36./37. Auch das gehörte zur Faszination von Abenteuer und Exotik: Die Herrensafari der gehobenen Art fand mit dem Automobil statt.
Text auf der Rückseite: »Zwei sportbegeisterte Herren hatten den Entschluß gefaßt, mittels Kraftwagen den Spuren des Oberl. Grätz zu folgen, der 1907 ebenfalls im Auto unter unsäglichen Mühen Afrika durchquerte (…).«
Paul Graetz (1875–1968) war Oberleutnant der »Schutztruppe« in Deutsch-Ostafrika (heute Tansania). Um 1905 quittierte er den Dienst in der Armee. Mit Hilfe von Sponsorengeldern hatte er in den Jahren 1907 bis 1909 Afrika mit dem Automobil durchquert. Seine Reise führte ihn damals von Daressalam (Deutsch-Ostafrika, heute Tansania) nach Swakopmund (Deutsch-Südwestafrika, heute Namibia), wo er am 1. Mai 1909 nach 9500 Kilometern sein Ziel erreichte. Ein Jahr später veröffentlichte er ein Buch über seine Reise: *Im Auto quer durch Afrika*. 1911 war er zu einer zweiten Expedition in Afrika aufgebrochen, dieses Mal mit einem Motorboot.
Heute bieten findige Touristikunternehmen wieder »Erinnerungstouren« auf den Spuren von Paul Graetz an.

Die Reise nach Afrika.
Nr. 3.
Nun soll die Reise weiter geh'n,
Wir müssen auch die Wüste seh'n,
Das Schiff der Wüste, das Kameel,
Ich gern statt Reitpferd mir erwähl'.
Auf seinem Rücken es
uns trägt
Läuft durch die Wüste, unent-
wegt,
Doch lang gefällt uns
nicht dies Land,
Ist nichts zu seh'n als
heißer Sand.
Mehr noch als Hunger
plagt der Durst,
Hier giebt's kein Wasser,
keine Wurst.
Drum zieh' ein Fläschchen
Wein ich vor,
„Kommt, trinkt," „hab'
Dank," schallt's da
im Chor.
Für dich giebt's nichts, mein brav Kameel,
Hast zwar Durst, siehst doch nicht so scheel,
Strengst Deine Kräfte doppelt an,
Steigst weiter durch den Sand voran.

38

39

40

38. bis 40. Die Reklamesammelbilder richteten sich nicht zuletzt an Kinder und Jugendliche. Deshalb wurde gelegentlich auch eine sehr kindlich anmutende Motivik gewählt, um die junge Käuferschicht zu erschließen.

38. »Die Reise nach Afrika«, Blanko-Bild, um 1910.

39./40. »Au Bon Marché. Les Chasses d'Onésime TOTO dans l'Afrique Centrale«, Maison A. Boucicaut (Schokolade), Paris, vor 1914.
39. »Caravane«.
40. »Rhinocéros«.

TRÄGER-KARAWANE

Deutsche Kolonialmacht – »Schutzgebiete« in Übersee

Das Deutsche Reich besaß in der Zeit zwischen 1884 und dem Ersten Weltkrieg folgende Kolonien in Übersee: die Siedlungskolonie Deutsch-Südwestafrika (heute Namibia), die Handelskolonie Togo, die Plantagenkolonie Kamerun, die sogenannte Mischkolonie Deutsch-Ostafrika (heute Tansania, Ruanda, Burundi) – dort spielten sowohl merkantile als auch siedlungspolitische Aspekte eine Rolle –, das »Pachtgebiet« bzw. die Stützpunktkolonie Kiautschou in China und den vorwiegend als Plantagenkolonie dienenden Streubesitz im Pazifik mit Deutsch-Neuguinea (Kaiser-Wilhelmsland, Bismarck-Archipel, nördliche Salomonen, Nauru, die Karolinen-, Marianen-, Palau- und Marshall-Inseln) sowie Deutsch-Samoa. Dass den Deutschen bei ihrem kolonialen Beutezug meist nur solche Gebiete zugefallen waren, die die anderen Kolonialmächte Europas bei der Aufteilung der südlichen Erdhalbkugel übrig gelassen hatten, darüber machten sich die Zeitgenossen keine Illusionen. Der berühmte Soziologe und Nationalökonom Max Weber etwa sprach von einem »lächerlich bescheidenen« Kolonialerwerb.

Die Sammelbilder zu den deutschen Kolonien zeichnen in der Regel ein exotisches Bild der Überseegebiete. Präsentiert werden als typisch erachtete Topographien der Kolonialgebiete, die von exotisch anmutenden Völkerschaften bewohnt werden. So posieren »Eingeborene« in »Stammestracht« unter »deutschen Palmen«. Während zum Beispiel Deutsch-Südwestafrika mit seiner Dornbuschsavanne gezeigt wird, erscheinen Togo oder Kamerun mit üppig wachsender subtropischer Urwaldlandschaft. Ist Afrika eher als bedrohliche Wildnis dargestellt, kommen die deutschen Südseekolonien – insbesondere Deutsch-Samoa – als sanftes Paradies daher. Bei der Charakterisierung der Samoaner wurde meist das Klischee vom »edlen Wilden« bemüht, mit dem sich auch die Vorstellung von der »arischen Herkunft«, welche den Polynesiern häufig attestiert wurde, verband.

Die immer wieder in den Sammelbildern auftauchende deutsche Reichskriegsflagge symbolisiert als Insignie deutscher Machtpolitik unmissverständlich den Anspruch auf Herrschaft und Germanisierung der Kolonien. Ins Bild gesetzte Gouverneure, Askari (einheimische Söldner) und Polizeisoldaten stehen für eine erfolgreiche koloniale Verwaltung, die in der Lage sei, Ordnung und Disziplin gegenüber den kolonialen Untertanen durchzusetzen.

Bei situativen Darstellungen erscheint häufig ein Befehle gebender Kolonialherr im Tropenanzug; damit wollten die Illustratoren dem (weißen) Betrachter die Identifikation erleichtern. Eine ähnliche Absicht verfolgten sie mit dem Bildmotiv der die Meere durchpflügenden Kriegsflotte: Die in der Heimat grassierende Flottenbegeisterung sollte nicht zuletzt den Kolonialgedanken befördern.

1 2

3 4

1. bis 6. »Deutsche Kolonien«, Hartwig & Vogel's Tell-Cacao, um 1909.
1 »Togo. Landkarte, Adeledorf, Einbäume, Stationshaus in Bismarckburg, junger Adelemann«.
2. »Kamerun. Landkarte, Duala-Krieger mit Trommel, Kakao-Plantage Viktoria, Kamerun-Kanoe«.
3. »Deutsch-Südwest-Afrika. Landkarte, Festung Windhoek, Herero-Frau mit Kind, Hottentottenhütte«.
4. »Deutsch-Ost-Afrika. Massai im Kriegsschmuck, Strasse in Dar es Salam, Landkarte, Suahili-Frau«.
5. Kiautschou. Chinesische Hochzeitssänfte, Landkarte, Prinz Henirichstr. i. Tsingtau«.
6. »Kaiser Wilhelmsland (Neu Guinea). Papua aus dem Stamme der Jabim, Dorf im Palmenwald, Landkarte, Kanoe«.

1. bis 6. Diese Bildserie sollte dem Sammler einen Überblick über das deutsche Kolonialreich vermitteln. Jeweils versehen mit einer Landkarte und der Reichskriegsflagge präsentieren die Bilder »typische« Landschaften, Architektur und Völkerschaften, wie auch das zu bewerbende Produkt deutlich ins Bild gerückt ist.
1884 wurde Deutsch-Südwestafrika (heute Namibia) sowie Togo und Kamerun unter den »Schutz« des Deutschen Reiches gestellt. Ab 1885 folgten kaiserliche Schutzerklärungen für Deutsch-Ostafrika (heute Tansania, Ruanda, Burundi) und für den Streubesitz im Südpazifik. Deutsch-Neuguinea umfasste den nordöstlichen Teil von Papua-Neuguinea, das sogenannte Kaiser-Wilhelmsland, sowie die Inselgruppen des Bismarck-Archipels (darunter Neuhannover, Neumecklenburg, Neupommern und die Admiralitäts-Inseln), die nördlichen Salomonen, Nauru, die Karolinen-, Marianen-, Palau- und Marshall-Inseln. Am 17. Februar 1900 komplettierte der westliche Teil von Samoa den deutschen Kolonialbesitz in der Südsee. Drei Jahre zuvor hatten deutsche Marineeinheiten die Bucht von Kiautschou in China besetzt; die chinesische Regierung wurde gezwungen, dieses Gebiet für 99 Jahre an das Deutsche Reich zu »verpachten«.

HARTWIG & VOGEL'S HAFER CACAO No 1.
Chinesische Hochzeitssänfte.
Landkarte
Prinz Heinrichstr. i. Tsingtau.
Kiaotschou
Tsingtau
HAFER CACAO
Deutsche Kolonien:
Kiaotschou
Serie 66 (6 Bilder).
Bild 5.

5

HARTWIG & VOGEL'S TELL-CACAO.
Papua aus dem Stamme der Jabim.
Dorf im Palmen-Wald.
Landkarte Kanoe.
Kaiser Wilhelms-Land
NEU-GUINEA
Neu Pommern
Tell-Cacao
HARTWIG & VOGEL
Deutsche Kolonien:
Kaiser Wilhelmsland. (Neu Guinea)
Serie 66 (6 Bilder).
Bild 6.

6

7

8

7. bis 12. Auch die von der Berliner Schokoladenfirma Theodor Hildebrand & Sohn um 1910 herausgegebene Bildserie will einen Überblick über die deutschen Kolonien geben, wobei auffällt, dass Deutsch-Südwestafrika fehlt und dafür die Südseekolonien mit Neuguinea und den zum Bismarck-Archipel gehörigen Admiralitäts-Inseln gleich zweimal vertreten sind.

7. »Deutsch Ost-Afrika«.
8. »Neuguinea«.
9. »Admiralitäts-Inseln«.
10. »Togo«.
11. »Kamerun«.
12. »Kiautschou«.

9

Hildebrand's Deutsche Schokolade, Deutscher Kakao
Admiralitäts Inseln.
3

10

Hildebrand's Deutsche Schokolade, Deutscher Kakao.
Togo.
4.

11

Hildebrand's Deutsche Schokolade, Deutscher Kakao.
Kamerun.
5.

12

Hildebrand's Deutsche Schokolade, Deutscher Kakao.
Kiautschou.
6.

13. bis 18. Die Bildserie »In unseren Kolonien« (Lind's Kaffee Essenz, um 1910) betont mit dem Possessivpronomen »unser« den Besitzerstolz der Deutschen als Kolonialmacht. Die Kolonialherrschaft wird in erster Linie als eine Zivilisationsmission gesehen. Dass die technischen, infrastrukturellen und institutionellen Neuerungen zunächst und vor allem den Interessen des »weißen Mannes« dienten, bleibt dabei unausgesprochen.

13. »Dampfer Ukerewe auf dem Nyanza-See«.
Auf dem Nyanza-See (Victoria-See) verkehrten diverse Dampfschiffe (siehe Kommentar zu Bild 37 auf Seite 120).

14. »Schule in Ostafrika«.
Text auf der Rückseite: »Den Missionaren in unseren Kolonien fällt die wichtige Aufgabe zu, europäische Bildung und Gesittung unter den Eingeborenen zu verbreiten. So werden in den dort eingerichteten vortrefflichen Schulen von den Missionaren aus der eingeborenen Negerbevölkerung, unter der viel Intelligenz vorhanden ist, die nur geweckt werden und geschult zu werden braucht, tüchtige Kräfte herausgebildet, zum Dienste des Deutschen Vaterlandes. (...)«

15. »Gouvernements-Gebäude in Kamerun«.
Text auf der Rückseite: »Am Fusse des Kamerun-Gebirges liegt an einem Arme des Mungo-Deltas die Stadt ›Kamerun‹. (...) Heute ist der Ort, dank der deutschen Kulturarbeit, zu einer stattlichen Kolonie emporgeblüht, ebenso wie alle unter deutscher Oberherrschaft stehenden Orte des Küstenlandes. (...) Dem Gouverneur wurde zu Inspektionsreisen etc. ein Automobil zur Verfügung gestellt, das auch nicht wenig dazu beiträgt, den Schwarzen Respekt vor ihren deutschen Landsleuten einzuflössen.« Der »weiße Mann« wird als Träger des technischen Fortschritts vorgestellt, vor dem die Afrikaner (angeblich) in Panik davonliefen.

13

14

15

16

17

18

16. »Musik-Kapelle in Tanga«.
Mit Tanga ist hier die Hafenstadt in Deutsch-Ostafrika, dem heutigen Tansania, gemeint. Eine gleichnamige Inselgruppe gehörte zum Bismarck-Archipel und war Teil der Kolonie Deutsch-Neuguinea.

17. »Eisenbahn-Brücke über den Kubas-Fluss. Bahnstation in Nomidas«.
Dieses Bild thematisiert unter anderem die Beherrschung des kolonialen Raumes durch die Eisenbahn. Das Deutsche Reich als Kolonialmacht hielt sich sehr viel darauf zugute, die Segnungen der westlichen Kultur in den »dunklen Kontinent« gebracht zu haben. Vor allem die Eisenbahn wirkte dabei als Pioniertechnologie. Bis 1914 sind in den deutschen Kolonien rund 3700 Kilometer Eisenbahnstrecke gebaut worden. Solche Infrastrukturmaßnahmen erfolgten aber keineswegs nur aus rein wirtschaftlichen Gründen, sondern ihnen lagen auch herrschaftstechnische Motive zugrunde. So schrieb 1896 der langjährige Gouverneur von Deutsch-Südwestafrika, Theodor Leutwein, an den Reichskanzler in Berlin: »(…) nicht die Vermehrung der Schutztruppe bis in das Ungemessene« dürfe als nächster Schritt zur Stärkung der deutschen Machtposition in der Kolonie angesehen werden, »sondern der Bau von Eisenbahnen«. Cecil Rhodes, einer der bekanntesten Akteure des britischen Imperialismus, wird das Wort zugeschrieben: »In den Kolonien ist die Eisenbahn billiger als die Kanone und reicht weiter.«

18. »Post in Apia. Das deutsche Regierungsgebäude in Apia«.
Text auf der Rückseite: »Von den in der Südsee liegenden Samoa-Inseln ist die grösste Upolu. Die Hauptstadt heisst Apia. (…) Unter dem deutschen Protektorate hat die Kultur im Lande erfreuliche Fortschritte gemacht. Das beweist unter anderem die Errichtung eines Postamtes nach deutschem System. (…)«.

19 20

19. »Die Palmen in den deutschen Kolonien. Ostafrika, Dar es Saalam«, Palmin, Pflanzenfett, H. Schlinck & Cie. Hamburg, um 1920.
Die Palme taucht als Sinnbild überseeischer Exotik immer wieder in den Kolonialbildchen auf.

20. »Deutsche Kolonien, Landschaften-Süd-West, Dornbuschlandschaft«, Palmin Pflanzenfett, H. Schlinck & Cie. Hamburg, um 1920.
Das Bild suggeriert, die Kolonie sei ein fast menschenleerer Landschaftsraum, in den die weißen Siedler ungehindert vordringen können.

21. »Völker in Deutsch-Ostafrika II: Wahehe«, Deutsche Kolonial-Bilder der Berliner Morgenpost, 1941.
Scheinbare Idylle: Die im Bildtext genannten Wahehe (Hehe) leisteten der deutschen Kolonialmacht einen lang anhaltenden Widerstand, der erst mit dem Tod ihres Anführers Mkwawa 1898 endgültig gebrochen wurde.

21

22 23

22./23.: »Deutsche Colonien«, Seeligs Kaffeesurrogate, Korn-Kaffee, Emil Seelig A.-G., Heilbronn, um 1910.

24. »Dorfscene in Rabnin, Bismarck-Archipel«, aus der Serie »Deutschland über See«, Liebig Company's Fleisch-Extract, 1900.
Neubritannien, seit 1885 offiziell Bismarck-Archipel genannt, gehört heute zu Papua-Neuguinea. Die Kolonisierung durch die Deutschen begann 1874/75 durch die Hamburger Handelsgesellschaft Johann Cesar Godeffroy und Sohn, die dort Handelsstationen errichtete. 1885 erhielt die 1884 gegründete Neuguinea-Compagnie den kaiserlichen Schutzbrief, nachdem zuvor die deutsche Flagge auf verschiedenen Inselgruppen gehisst worden war.

24

25. »Hottentottenkraal. Wohnhütten in Togo«, aus der Serie »Wohnstätten exotischer Völker«, Dr. Thompson's Seifenpulver, um 1915.
26. »Bismarck-Archipel. Pfahldorf. Duk-Duk Tänzer«, Dresdner Molkerei Gebrüder Pfund, um 1910.
27. »Deutsch-Neu-Guinea. Soldat der deutsch. Schutztruppe. Baumwohnungen«, Dresdner Molkerei Gebrüder Pfund, um 1910.

25. bis 27. Neben den meist in stereotypisierender Weise dargestellten Menschen und ihren »Sitten und Gebräuchen« waren auch immer wieder die »exotischen« Wohnstätten der Kolonisierten ein Thema auf den Sammelbildern, entweder als ganze Serie (Bild 25) oder als Hintergrundmotiv eines Überblickbildes (wie auf den Bildern 26 und 27).

28. »Unsere Kolonien«, Erdal, Marke Rotfrosch, Waxa Bohnerwachs, 1934. Text auf der Rückseite: »Deutsch-Ostafrika, Tanga. Die schönste und größte deutsche Kolonie ist Deutsch-Ostafrika. Ihre Erwerbung für das Deutsche Reich war das Verdienst von Dr. Karl Peters (…).« Erstaunlich sind die im Präsens gehaltenen Textaufdrucke solcher Bilder, obgleich doch das Bild aus dem Jahr 1934 stammt, also »Deutsch-Ostafrika« schon seit 16 Jahren nicht mehr deutsche Kolonie war. Die kolonialrevisionistische Bewegung setzte in ihrer Propagandaarbeit dieses Stilmittel ein, um den anhaltenden Anspruch auf die Kolonie zu demonstrieren.

29. »Sonntagsmarkt in Kwamkoro, Deutsch-Ostafrika«, aus der Serie »Deutschland über See«, Liebig Company's Fleisch-Extract, 1900. Solche Darstellungen suggerieren ein friedliches und konfliktfreies Miteinander von Einheimischen und Kolonialherren in der Kolonie Deutsch-Ostafrika.

25

26

27

28

Erdal
MarkeRotfrosch
Waxa
Bohnerwachs

29

LIEBIG COMPANY'S FLEISCH-EXTRACT.
Kreuzer „Kaiserin Augusta"
Deutschland über See.
Sonntagsmarkt in Kwamkoro, Deutsch Ost-Afrika.
Ges. geschützt.
Siehe Rückseite.

30 31

32

30. »Pangani. Kilima-Ndjaro 3889 m.«, aus der Serie »Deutsche Kolonien«, Zuckerin Chemische Fabrik von Heyden (Süßstoffe), Dresden-Radebeul, um 1900.

31. Die »Massai, (ein) Hirten- und Kriegervolk in Deutsch-Ostafrika«, Erd-Bilder der Berliner Morgenpost, 1939.

32. »Aus Ostafrika. Masai auf der Wanderung«, Liebig Company's Fleisch-Extract, um 1907.

30. bis 32. Häufig wurden in der kolonialen Bilderwelt Massai dargestellt, da sie als »Adel der ostafrikanischen Steppe« galten. So heißt es auf der Rückseite des Bildes 32: »Man kann die schwarze Bevölkerung der ostafrikanischen Kolonie einteilen in Negerstämme und Masaistämme. Letztgenannte bewohnen die Hochebene um den Kilimandscharo. Sie sind vorzügliche Viehzüchter (…). Diese Stämme sind sehr stolz und tapfer, aber auch räuberisch; sie waren der Schrecken der umwohnenden Negerstämme und der vorbeiziehenden Karawanen.«

33 34

35

33./34. »Deutsche Kolonien«, Sammelalbum, Cigaretten-Bilderdienst Dresden, 1936.
33. »Daressalam«.
34. »Inderstraße in Daressalam«.

35. »Gouvernements-Krankenhaus in Dar-Es-Salam«, Kupferberg Gold, Chr. Adt. Kupferberg & Co., Sektkellerei Mainz a. Rh., um 1930.

33. bis 35. Solche lange nach dem Ersten Weltkrieg herausgegebenen Bilder sollten hervorheben, welch »zivilisierenden« Einfluss die deutsche Kolonialherrschaft in Deutsch-Ostafrika ausgeübt hat, ob im Städtebau oder im Gesundheitswesen. So heißt es etwa im Bildtext zu Bild 33 noch 18 Jahre nach dem Verlust der deutschen Kolonialgebiete ungebrochen: »Die Hauptstadt der Kolonie macht mit ihrer Hafenfront den Eindruck einer deutschen Stadt.«

36

37 38

36. »Ochsenwagenkarawane in Südwest-Afrika« aus der Serie »Deutschland über See«, Liebig Company's Fleisch-Extract, 1900.
37. »Ochsenwagen-Transport im Erongogebirge in Deutsch-Südwestafrika«, aus der Serie »Wert und Schönheit der Deutschen Kolonien«, Echter Andre Hofer Feigenkaffee, 1937.
38. »Waterberg «, Kupferberg Gold, Chr. Adt. Kupferberg & Co., Sektkellerei Mainz a. Rh., um 1930.

36. bis 38. Bevor die Eisenbahn gebaut wurde, war der Ochsenwagen das einzige Transportmittel in Deutsch-Südwestafrika. Ochsenwagengespanne waren ein beliebtes Motiv, da es den Pioniergeist der weißen Siedler zum Ausdruck bringen sollte. Der Waterberg auf Bild 38 dürfte als Kulisse nicht zufällig gewählt worden sein, da er in der deutschen Erinnerungskultur mit der siegreichen »Schlacht am Waterberg« gegen die Herero am 11./12. August 1904 verbunden ist (siehe auch Seite 147).

39

40

39. »Unsere Kolonien«, Erdal, Marke Rotfrosch, Waxa Bohnerwachs, 1934. Text auf der Rückseite: »Deutsch-Südwestafrika. Usakos mit den Khan-Bergen (...).« Ende des 19. Jahrhunderts wurde an der Otavibahn die Station Usakos eingerichtet, die sich zu einem kleinen Handelsort entwickelte.

40. »Rinderzucht in Südwestafrika«, Motiv aus der Lodix-Sigella-Bilderfolge »Deutschlands Kolonien. Ein Bildwerk vom Kampf um deutschen Lebensraum«, Sammelalbum des Sidol-Bilderdienstes (Bohnerwachs), Köln 1938. Viehhaltung ist bis heute der wichtigste Sektor innerhalb der Landwirtschaft Namibias. Die Rede vom »Kampf um deutschen Lebensraum« sollte in den 30er Jahren die Forderung nach Rückgewinnung der ehemaligen Kolonien untermauern.

41

41. »Unsere Kolonien«, Erdal, Marke Rotfrosch, Waxa Bohnerwachs, 1934. Text auf der Rückseite: »Deutsch-Südwestafrika. Festtag im Eingeborenendorf (...).«
Dieses Bild aus den 30er Jahren zeigt Herero – die Frauen in viktorianischen Kleidern, die Männer in deutschen Schutztruppenuniformen. Das Tragen von Schutztruppenuniformen wurde von deutscher Seite als »Treue der Eingeborenen« gegenüber ihren vormaligen deutschen Herren interpretiert. Die Sicht der Herero war eine andere. Die Überlebenden des traumatischen Kolonialkrieges zwischen 1904 und 1908 (siehe Kommentar auf Seite 136/137), hatten nach 1908 Selbsthilfe-Netzwerke gegründet, mittels derer sie ihre Familien- und Verwandtschaftsverbände wieder neu zu beleben und eine neue Identität aufzubauen vermochten.
Der gesellschaftliche Reorganisationsprozess der Herero und die damit verbundene Gründung der uniformierten Otjiserandu (auch Otruppa oder Truppenspieler) war Bestandteil und Ergebnis eines kreativen Prozesses der Kriegsbewältigung. Damit ging die Einführung einer durch die Truppenspieler-Bewegung getragenen neuartigen Gedenkkultur einher. Die Otruppa-Regimenter mit ihren von der deutschen Kolonialarmee adaptierten militärischen Strukturen und Uniformen versammelten sich regelmäßig in Städten und auf Farmen zu Gedenkfeiern und Paraden. Die Zusammenkünfte an alten und neu geschaffenen Gräbern diente aber nicht nur dem Totengedenken, sondern durch sie wurde auch die Vision einer geeinten Herero-Nation und der Anspruch auf Gleichberechtigung und Eigenständigkeit demonstriert; auf symbolische Weise wurde das nun von Weißen annektierte Land (wieder-) besetzt und so dem unauslöschlichen Recht auf das während des Kolonialismus geraubte Land Nachdruck verliehen.

42./43. Zum Vergleich: Die 1994 aufgenommenen Fotografien zeigen die Feier am Friedhof in Okahandja/Namibia, wo sich jedes Jahr Ende August Abordnungen der Herero aus dem ganzen Land versammeln, um ihren Toten zu gedenken. Der »Herero-Tag« wird seit der Beisetzung von Samuel Maharero 1923 in Okahandja begangen. Bis heute tragen die Herero zu diesem Anlass Uniformen, die an deutsche (oder britische) Uniformen erinnern. Somit können die Uniformen der Herero und deren Truppenspielerbewegung nicht einfach als Imitation deutscher Symbole und Organisationsformen abgetan werden. Die Herero übernahmen sie in eigener Initiative und luden sie ihren Interessen gemäß mit neuem Sinn auf. Dieser Aneignungsprozess hatte durchaus einen subversiven Charakter; sie waren Ausdruck eines symbolischen Widerstandes gegen die deutsche – und später die (weiße) südafrikanische – Kolonial- und Mandatsherrschaft.

42

43

44

44. »Lome Hauptst. v. Togo«, Gartmann-Chocolade, nach 1900.

45

45. »Togo. Marktstrasse in Lome, Apfelsinen-Mädchen«, Deutsches Kolonialhaus Berlin (Kolonialwaren), um 1900.
Togo galt als »Musterkolonie« innerhalb des deutschen Kolonialreiches, da Togo sich mit der Zeit als einziges »Schutzgebiet« finanziell selbst trug. Insgesamt blieb die Kolonialpolitik ein unrentables Zuschussgeschäft für das Deutsche Reich.
Das Deutsche Kolonialhaus, das dieses Kolonialbildchen herausgegeben hat, war 1896 gegründet worden und eines der größten Kolonialhandelshäuser im Kaiserreich. Abgesehen von der Zentrale in Berlin und den Niederlassungen in Dresden, Frankfurt am Main, Leipzig, Kassel, München und Wiesbaden gab es Verkaufsstellen in über 400 weiteren Städten. Das Deutsche Kolonialhaus vertrieb sämtliche Artikel der Kolonialwarenbranche, soweit sie aus den deutschen Überseegebieten bezogen wurden.

46

46. »Togo. Markt«, Dresdner Molkerei Gebrüder Pfund, um 1910.
Text auf der Rückseite: »Togo ist die kleinste der deutschen Besitzungen in Afrika. Die Bewohner des Südens der Kolonie gehören dem Ewastamme an und sind Fetischverehrer, die Nordtogo dagegen bekennen sich als Haussa zum Muhamedanismus. (…) Auf dem Kärtchen sehen wir den Kopf eines Eingeborenen, eine Marktszene und Neger um einen Gefangenen tanzen.«
Die Erläuterungen auf der Rückseite schweigen sich über den sich im Bild durch Kolonialbeamte und Flagge ausdrückenden Herrschaftsanspruch der Deutschen aus. Hingegen werden die Afrikaner als Barbaren visualisiert; der Marterpfahl scheint aus nordamerikanischen Indianerbildern übernommen worden zu sein.

47

47. »Togo«, Seite bzw. Ausschnitt aus dem Sammelalbum »Deutsche Kolonien«, Cigaretten-Bilderdienst Dresden, 1936.
Diese Seite des Sammelalbums zu den deutschen Kolonien (bzw. der Ausschnitt rechts in Originalgröße) zeigt auch afrikanische Angehörige der Polizeitruppe in Togo. Diese musste sich 1914 schon kurz nach Ausbruch des Ersten Weltkrieges den überlegenen alliierten Truppen ergeben. Als Hans-Georg von Doering, der Befehlshaber der Polizeitruppe, am 25. August 1914 den Alliierten die bedingungslose Kapitulation anbot, bat er um gute Behandlung der wenigen deutschen Soldaten. Die afrikanischen Angehörigen der Polizeitruppe erwähnte er mit keinem Wort. Ihr Schicksal war ihm offenbar gleichgültig.

48

48. Kupferberg Gold, Chr. Adt. Kupferberg & Co., Sektkellerei Mainz a. Rh., um 1930.
Das Bild zeigt den vom ehemaligen Gouverneur von Kamerun, Jesco von Puttkamer, errichteten Gouverneurspalast in Buea am Kamerunberg. Buea diente der deutschen Kolonialverwaltung von 1901 bis 1914 als Regierungssitz. Das dortige Bergklima war für die Beamten angenehmer als das schwüle malariaverseuchte Küstenklima. Der Palast – das sogenannte Puttkamerschlösschen – brachte dem Gouverneur wegen seiner verschwenderischen Ausstattung heftige Kritik ein.
Jesco von Puttkamer (1855–1917) führte vor allem in den Anfangsjahren seiner Gouverneurszeit (1895–1907) eine rigide Eroberungspolitik durch. Er förderte die Pflanzungswirtschaft rund um den Kamerunberg und unterstützte die Vergabe von Konzessionen besonders an Kautschuk und Kakao exportierende Kapitalgesellschaften. Diese Entwicklung ging mit der Enteignung vieler Afrikaner, der Einrichtung von Reservaten und einem System kruder Raubwirtschaft einher. Puttkamer rechtfertigte die Vertreibung der »Eingeborenen« als »das Los der Naturvölker«.
Nicht nur im Berliner Reichstag (SPD, Zentrum), sondern auch von den Afrikanern im Land wurde seine Kolonialverwaltung scharf kritisiert. Wegen seiner umstrittenen Konzessionspolitik und privater Skandalaffären wurde Puttkamer 1907 in den Ruhestand versetzt und 1908 pensioniert. Der frühere Gouverneurspalast in Buea ist erhalten und dient heute als Nebenresidenz des kamerunischen Staatspräsidenten. Das Volk der Bakweri, das damals ihre Ländereien am Mont Cameroun verloren hatte, kämpft bis heute für die Rückgabe ihres Besitzes.

49

49. »Kamerun. Beschwörung einer Krankheit, Schmiede«, Dresdner Molkerei Gebrüder Pfund, um 1910.
Einmal mehr wird hier in Bild und Wort ein stereotypes Negativbild von den Afrikanern gezeichnet. So heißt es im Text auf der Rückseite: »Kamerun ist eine unserer fruchtbarsten Kolonien. (...) die hervorstechendsten Charaktereigenschaften der Eingeborenen (sind): Jähzorn, Rachsucht, Raublust, Unverschämtheit und Faulheit«.

50

50. »Neu-Kamerun (Kongo)«, Sarotti (Schokolade), um 1912. Text auf der Rückseite: »Durch das Eindringen europäischer Kultur gehen leider viele Handfertigkeiten der Eingeborenen unaufhaltsam dem Verfall entgegen. (...) Der runde Häuptlingsthron auf dem Bilde ist ein Prachtstück des Museums für Völkerkunde in Berlin, geschnitzt und reich mit Perlen und Muscheln benäht.« 1911 erhielt das Deutsche Reich im Zuge eines Gebietsaustausches Teile der Kolonie Französisch-Äquatorialafrika, die als Neu-Kamerun bezeichnet wurden und die deutsche Kolonie Kamerun im Süden und Osten ergänzten. Als eines der wenigen Reklamesammelbilder aus der Zeit vor dem Ersten Weltkrieg sind hier Ansätze einer Kolonialkritik zu erkennen, insofern die Zerstörung der autochthonen Kulturen durch die eindringende westliche Kultur thematisiert ist. Gleichwohl wird umstandslos das »Mutterland« als Hüter der »zum Untergang verurteilten Kulturen der Eingeborenen« präsentiert.

51

51. »Landung deutscher Truppen in Kiautschou (1897)«, Teuta-Margarine, Fritz Homann A.G., Dissen, 1934.
52. »Ausfahrt des Geschwaders aus Kiel«, aus der Serie »Die Deutschen in Kiautschou«, Jurgens & Prinzen's Solo Margarine, um 1900.

53. »Das deutsche Kreuzergeschwader bei Kiautschou«, aus: »Deutschland über See«, Liebig Company's Fleisch-Extract, 1900.

51. bis 53. Die Ermordung zweier deutscher Missionare in der chinesischen Provinz Shantung bot der deutschen Kriegsmarine den willkommenen Anlass, am 14. November 1897 das an der Kiautschou-Bucht gelegene Dorf Qingdao (Tsingtao) zu besetzen. Die Okkupation des »Pachtgebiets« Kiautschou (das »deutsche Hongkong«) betrachtete nicht nur der damalige Reichskanzler Bernhard von Bülow als ein besonderes Prestigeobjekt. Die Begeisterung im Deutschen Reich, nun wie andere imperiale Mächte auch über eine Einflusssphäre in China zu verfügen, war groß. Das zeigt auch der Text auf der Rückseite des Bildes 52: »Nachdem die deutsche Regierung mit dem Kaiser von China den Pachtvertrag auf 99 Jahre über das Kiautschou-Gebiet abgeschlossen hatte, ernannte Kaiser Wilhelm II. den Prinzen Heinrich zum Oberbefehlshaber über die ostasiatische Flotte. Anfang Dec. 1897 schiffte sich Prinz Heinrich mit Gefolge ein und nahm unter dem Kanonendonner der Flotte von der Heimath Abschied.« Dieses und das folgende Bild zeigen die enge Verbindung dieser Stützpunktkolonie mit der Hochseeflotte bzw. dem »ostasiatischen Geschwader« (siehe auch den Kommentar auf Seite 45).
Das »Pachtgebiet« sollte geostrategischen Interessen dienen und einen Vorposten der deutschen Wirtschaft bilden. Gleichwohl war Kiautschou, das mit enormen Investitionen für die Infrastruktur zu einer »Musterkolonie« ausgebaut werden sollte, das teuerste unter den Kolonialprojekten und blieb eine Zuschussunternehmung. Eine formelle Herrschaft wurde dort aber nicht angestrebt. Vielmehr wollte das Deutsche Reich Kiautschou bzw. sein »Interessengebiet« Shantung als Sprungbrett für den deutschen Ostasienhandel nutzen und beschränkte daher – wie die anderen Kolonialmächte in China auch – seine Herrschaft auf den später so genannten informellen Imperialismus.

Jurgens & Prinzen's Solo-Margarine.
Kaiser Wilhelm II.
Die Deutschen in Kiautschou.
Ausfahrt des Geschwaders aus Kiel.
52

LIEBIG COMPANY'S FLEISCH-EXTRACT.
Das deutsche Kreuzergeschwader bei Kiaotschou.
Ges. geschützt.
(1. Kaiserin Augusta, 2. Kaiser, Flaggschiff der I. Division, 3. Irene, 4. Gefion, 5. Deutschland, Flaggschiff der II. Division.)
Siehe Rückseite.
53

54

54. »Einzug des Prinzen Heinrich in Peking«, aus der Serie »Die Deutschen in Kiautschou«, Aecht Pfeiffer & Diller's Kaffee-Essenz, um 1900.
Text auf der Rückseite: »Der denkwürdige Empfang des Prinzen Heinrich beim Kaiser von China fand im Sommer 1898 in Peking statt. In Sänften und in Begleitung hoher chinesischer Mandarine und Militärs bewegte sich der Zug langsam auf staubigen Straßen nach der Gesandtschaft. Tags darauf erfolgte die Begegnung des Prinzen mit dem Herrscher von China in dessen Sommerresidenz.«
Bei den Gesprächen von Prinz Heinrich von Preußen mit dem chinesischen Kaiser Guangxi und der Kaiserinwitwe Cixi in Peking wurde die Abtretung des »Pachtgebiets« Kiautschou an die Deutschen endgültig besiegelt.

55

55. »Kiautschou. Kirschenhändler. Sträfling. General«, Dresdner Molkerei Gebrüder Pfund, um 1910.

56. »Bilder aus Kiaotschau. Heimkehrende Marktleute, China«, Kathreiner, Malzkaffee, um 1905.

Bilder aus Kiaotschau.
Heimkehrende Marktleute.
China.
Bild 7.

56

57. »Unsere Kolonien«, Erdal, Marke Rotfrosch, Waxa Bohnerwachs, 1934. Neu-Guinea und Samoa, Im Bismarck-Archipel.
Text auf der Rückseite: »Das Bild zeigt ein Pfahlbaudorf der Eingeborenen des Bismarck-Archipels, eine Gruppe schmaler Inseln, die zu Melanesien gehören. Die Hauptinseln sind Neupommern, Neumecklenburg und Neuhannover (...).«

58. »Unsere Kolonien«, Erdal, Marke Rotfrosch, Waxa Bohnerwachs, 1934. Neu-Guinea und Samoa, Tanzmasken von Neu-Guinea.
Text auf der Rückseite: »Die Eingeborenen Neu-Guineas sind Papuas, Melanesier und Pygmäen (Zwergvölker), bilden also keine einheitlich geschlossene Rasse und sind in zahlreiche Stämme geteilt. Sie wohnen in geschlossenen Dörfern, die sich nach den Stämmen zu Dorfgemeinschaften vereinigen. Ihre Zahl wird auf 780 000 geschätzt. Die merkwürdigen Tanzmasken, die sie zu ihren kultischen Tänzen gebrauchen, zeigt unser Bild.« Die hier dargestellten Masken waren so faszinierend, dass sie immer wieder auf den Sammelbildern auftauchen, die Neuguinea zeigten (siehe Bild 60 und 64).

59. »Neu-Guinea. Fetisch u. Fetischhaus. Papua-Neger. Wohnungen derselben«, Franck Kaffee, um 1905.
Die Kolonie stand bis 1899 unter der Verwaltung der Neuguinea-Compagnie, dann wurde sie vom Deutschen Reich unmittelbar übernommen.

60. »Neu-Guinea. Tanzfest in Matupi. Maskenträger v. Neumecklenburg. Kasuar«, Franck Kaffee, um 1905.

61. »Von den Carolineninseln. Geldsteine, Mann und Frau auf Yap«, Liebig Company's Fleisch-Extract, nach 1900. Geldsteine wurden auf den Karolinen als Zeremonialgeld gebraucht.

57

58

59

NEU-GUINEA.
Tanzfest in Matupi.
Maskenträger v. Neumecklenburg.
Kasuar.
5

60

Mann und Frau auf Yap.
Geldsteine.
Von den Carolineninseln.
LIEBIG COMPANY'S FLEISCH-EXTRACT.
Gesetzl. geschützt.
Siehe Rückseite.

61

62

62. »Samoa. Samoanische Boxer. Kawa-Bereitung«, Dresdner Molkerei Gebrüder Pfund, um 1910.
Im Unterschied zur Darstellung der Einwohner der übrigen deutschen Südseegebiete entsprach die der Menschen Samoas meist dem mythischen Ideal der »edlen Wilden«, die ein irdisches Paradies bewohnen.

63. »Die deutschen Südsee-Inseln I: Deutsch-Neuguinea«, Deutsche Kolonial-Bilder der Berliner Morgenpost, 1941.

64. »Inseln der Neuguinea-Gruppe. Bismarck-Archipel. Neupommern«, Liebig's Fleisch-Extract, 1911.
In Herbertshöhe (heute Kokopo) auf Neupommern, der größten Insel des Bismarck-Archipels, war zwischen 1899 und 1910 die Verwaltung der gesamten Kolonie Deutsch-Neuguinea untergebracht. Dort hatte auch der Gouverneur seinen Sitz.

63

INSELN DER NEUGUINEA-GRUPPE.
Bismarck-Archipel.
Neupommern.
Vulkane Vater und Sohn.
Der "kleine Bienenkorb."
Maskenträger.
Insulaner mit Muschelkragen.
Ahnenfigur.
Kasuar.
LIEBIG'S FLEISCH-EXTRACT.
Gesetzl. geschützt.
Erklärung siehe Rückseite.

64

Inwertsetzung – Erschließung und Ausbeutung der Kolonien

Die Kolonialpolitik war immer darum bemüht – oder sah sich dazu genötigt –, ihr Tun als Gewinn für das »Mutterland« zu rechtfertigen. Die Gestaltung der Sammelbilder blieb ganz offensichtlich von diesem Diskurs nicht unberührt. Abgesehen von den Kolonien als Absatzgebiete zeigen viele Bildmotive den Handel mit Kolonialprodukten, die Inwertsetzung der deutschen Kolonien durch die Farm- und Plantagenwirtschaft, die Ausbeutung der Rohstoffe und die Erschließung des Landes durch den Bau von Eisenbahnen und Straßen.

Man wurde denn auch nicht müde, auf den wirtschaftlichen Nutzen der Kolonien hinzuweisen. Es hieß, nach den anfänglich hohen Investitionen in die Infrastruktur würden die Kolonien dereinst Profite abwerfen. Daran hielt die Propaganda selbst dann unverändert fest, wenn solche Aussagen von der Wirklichkeit nicht gedeckt wurden. Schließlich sah die Bilanz der Kolonialwirtschaft in den Jahren vor 1914 alles andere als überzeugend aus. So flossen zwischen 1910 und 1913 Exporte für lediglich knapp 52 Millionen Reichsmark in die Kolonien. Der deutsche Kolonialexport machte damit nur 0,6 Prozent des gesamten Außenhandelsvolumens (8,7 Milliarden Reichsmark) aus, während 72,4 Prozent auf den Europa-Export und 17,3 Prozent auf den Amerika-Export entfielen.

Betrachtet man den deutschen Export nach Afrika, zeigt sich ein ähnliches Bild. Der Export auf den afrikanischen Kontinent – ausgenommen die deutschen Kolonien und Marokko –, der zusammen 136,3 Millionen Reichsmark betrug, überwog mit 1,6 Prozent Anteil am deutschen Gesamtexport den Handelsverkehr mit den eigenen Kolonialgebieten fast um das Dreifache.

Beim Anschauen der Reklamesammelbilder fällt auf, dass meist nur der Schwarze körperlich arbeitend dargestellt ist, selbstverständlich unter den Augen des Weißen, der nach Gutsherrenart seinen kolonialen Untertanen anleitet und beaufsichtigt. So konterkarieren diese Bilder ungewollt das Stereotyp vom »faulen Neger«, der lieber palavert, trommelt und tanzt, ein Stereotyp, das sich durch die ganze Kolonialideologie zieht. »Scharf und stramm arbeiten nach unseren Begriffen von Arbeit«, so schrieb beispielsweise die Kolonialschriftstellerin Frieda von Bülow im Jahr 1893, »kann der Tropenneger einfach nicht. Dies ist einmal seine Natur.«

Unter den Kolonialmächten hielten es sich vor allem die Deutschen zugute, den »Eingeborenen« zum richtigen Arbeitsethos erziehen zu wollen. Man sprach vom »weißen Kreuzzug gegen den schwarzen Müßiggang«. Schließlich sollte der Disziplinierungsprozess sicherstellen, die Arbeitskraft der einheimischen Bevölkerung auch rational nutzen und ausbeuten zu können. Wie hatte das Credo des Kolonialstaatssekretärs Bernhard von Dernburg aus dem Jahr 1907 gelautet: »Nun ist aber der Eingeborene der wichtigste Gegenstand der Kolonisation (...) und die manuelle Leistung der Eingeborenen das wichtigste Aktivum der Kolonien.« Solcherart »Erziehungsarbeit« diente den Weißen nicht zuletzt zur Legitimation ihrer Kolonialherrschaft.

Allerdings bleibt die hässliche Seite der kolonialen Arbeitspolitik, die Unterwerfung der Schwarzen unter den Arbeitszwang oder gar die Zwangsarbeit, in den Bildern ausgespart. Ebenso wenig wird thematisiert, dass die Einführung neuer Pflanzen (Monokulturen) und Tiere zum Wandel ganzer Ökosysteme in den Tropen führte.

1. »Hafenbild von Deutsch-Ostafrika«, Franck-Kaffee, um 1900.
Die volkswirtschaftlichen Effekte des deutschen Kolonialismus sind sehr gering gewesen. Zu Beginn der 90er Jahre des 19. Jahrhunderts betrug der Handel mit den deutschen Kolonien nur 0,2 Prozent des deutschen Außenhandels und stieg bis 1914 auf nicht einmal ein Prozent. Im gesamten deutschen Kolonialbesitz »arbeiteten« vor Ausbruch des Ersten Weltkrieges mit etwa 500 Millionen Mark lediglich rund zwei Prozent des deutschen Auslandskapitals. Auch als Rohstoffquellen taugten die Überseegebiete nur bedingt: Bis auf Kupfer und Diamanten aus Deutsch-Südwestafrika gab es unter den von dort bezogenen Produkten keine Artikel, die die Stellung Deutschlands auf dem Weltmarkt gestärkt haben und zukünftig gravierend hätten verbessern können. 1904 kam beispielsweise nur 4,6 Prozent des Kautschuks und 2,2 Prozent des Kakaos aus den deutschen Kolonien.

2. Das Afrikahaus in Hamburg, LE-HAVE, Lebensmittel-Handels-Vereinigung Hamburg, 1927.
Das heute noch erhaltene Kontorhaus in der Großen Reichenstraße war 1899 im Auftrag von Adolph und Eduard Woermann für das 1837 gegründete Handelsunternehmen »C. Woermann« errichtet worden. Die Fassade wurde mit überseeischen Motiven ausgestaltet. Der Aufstieg des Unternehmens begann mit dem Palmölhandel an der Küste Westafrikas, später folgte unter anderem der umstrittene Branntweinhandel mit Afrika. Das Unternehmen wuchs schließlich zu einem beachtlichen Kolonialimperium heran, wozu die hauseigene Reederei, die »Woermann-Linie«, sowie die Beteiligungen an der »Deutschen Ost-Afrika-Linie AG« und an zahlreichen weiteren Übersee-Unternehmen gehörten.

3. »Handelsfactorei in Afrika«, Liebig's Fleisch-Extract, nach 1900.

1

2

3

4 

4. »Unsere Kolonien«, Erdal, Marke Rotfrosch, Waxa Bohnerwachs, 1934. Text auf der Rückseite: »Kamerun. Großer und kleiner Kamerunberg (...).«

5. »Unsere Kolonien«, Erdal, Marke Rotfrosch, Waxa Bohnerwachs, 1934. Text auf der Rückseite: »Deutsch-Ostafrika. Daressalam, dessen Hafen unser Bild zeigt (...), hat sich in der Zeit der deutschen Herrschaft glänzend entwickelt (...).«

5 

4./5. Auf allen Bildern der Waxa-Serie finden sich die folgenden Sätze: »Unsere Kolonien sind zum Teil sehr hochwertige Rohstoffgebiete, die nur eines planmäßigen Ausbaues bedürfen. In welch hohem Maße die mustergültige deutsche Verwaltung sich das Vertrauen der Eingeborenen erwarb, beweist die Anhänglichkeit der Eingeborenen während des Weltkrieges.« Der (in Wirklichkeit geringe) wirtschaftliche Nutzen der ehemaligen deutschen Kolonien und die (vermeintliche) Treue der ehemals Beherrschten wurde von der kolonialrevisionistischen Propaganda in den 20er und 30er Jahren immer wieder hervorgehoben, um im In- und Ausland die Forderung nach Rückgewinnung der Kolonien zu legitimieren.

6

7 8

6. bis 10. »Aus Deutschlands Kolonien«, Aecht Trampler Kaffee, Lahr in Baden, um 1905.

6. »Samoa (Südsee). Koprahäuser bei Apia«.
7. »Kamerun (Topfmarkt – Markttag)«.
8. »Deutsch-Ost-Afrika (Tabakverladung)«.
9. »Deutsch-Südwest-Afrika (Eingeborene an der Bahnstation)«.
10. »China (Tsingtau)«.

6. bis 10. Diese Bildserie zeigt anhand verschiedener Motive den lokalen Handel in den deutschen Kolonien.
Auf Bild 6 ist die Gewinnung von Kopra aus dem getrockneten Kernfleisch von Kokosnüssen dargestellt. Kopra ist der Grundstoff für die Herstellung von Speiseölen und Kokosfett (Kokosbutter). Vor allem Hamburger Handelshäuser, die im Inselreich des Südpazifiks ihre Geschäfte betrieben, bezogen von dort – neben Phosphaten – Kopra.

Deutsch-Südwest-Afrika
(Eingeborene an der Bahnstation).
Aus Deutschlands Kolonien.
SERIE 481. NO. 4.
9

China (Tsingtau).
Aus Deutschlands Kolonien.
SERIE 481. NO. 6.
10

11. »Die Gewinnung des Kautschuks in Afrika«, aus der Serie »Der Kautschuk«, Liebig's Fleisch-Extract, um 1911.
Solche Darstellungen verharmlosen die koloniale Praxis vor Ort. Traurige Berühmtheit erlangten etwa die »Kongogräuel« im Kongostaat, der Kolonie im Privatbesitz Leopolds II. von Belgien. Die belgischen Kolonialherren ließen den afrikanischen Kautschuksammlern die Hände abhacken, wenn sie die geforderten Mengen nicht ablieferten. Die systematisch organisierte Zwangsarbeit und damit einhergehende Massaker an der Bevölkerung wurden 1903 der Weltöffentlichkeit bekannt und führten dazu, dass das riesige Territorium einige Jahre später in das Eigentum des belgischen Staates überging.

11

12. »Pflege der jungen Bäume auf einer Kautschukplantage«, aus der Serie »Gewinnung des Kautschuk«, Allerwelt Brandt, Aufbau-Kaffee-Getränk, vor 1914.
Kautschuk war eines der wichtigsten Kolonialprodukte, das aufgrund der zu Beginn des 20. Jahrhunderts aufblühenden Fahrrad- und Automobilproduktion in Europa und den USA immer stärker nachgefragt wurde.

12

13. »Abwiegen des gewonnenen, gehärteten Kautschuks«, aus der Serie »Gewinnung des Kautschuk«, Elfenbein-Seife, Schutzmarke »Elefant«, Günther & Haussner, Chemnitz-Kappel, vor 1914.
Dieses wie auch das vorherige Bild lassen keinen Zweifel aufkommen, wer an dem einträglichen Kautschukhandel vor allem profitierte. Allerdings waren auch zahlreiche afrikanische Händler an diesem Geschäft beteiligt.

13

14

14. »Arbeit des Farmers in Afrika. Gewinnung des Sisal-Hanfes«, Diamantine Schuhputzmittel, Rud. Starcke GmbH Melle i. H., um 1930.
Text auf der Rückseite: »Eine große Anzahl wild wachsender Pflanzen gibt begehrte, (…) sehr billige Kolonialprodukte her. Hierzu gehört der Sisalhanf.«

15. »Sisalfaser – Das weiße Gold Deutsch-Ostafrikas«, Deutsche Kolonial-Bilder der Berliner Morgenpost, 1941.
Als dieses Bild erschien, gab es bei den NS-Kolonialplanern eine »Organisation Sisal«, die für Ostafrika die Übernahme der Verwaltung vorbereiten sollte.

15

16

16./17. »Die Gewinnung des Kakao«, Petzold & Aulhorn A.-G. (Schokolade), Dresden, um 1910.
16. »Cultur-Arbeiten in einer Kakao-Plantage«.
17. »Verladen des Kakao«.

17

16./17. Bei Kakao handelt es sich um ein klassisches Kolonialprodukt, war doch der Kakaobaum ursprünglich nur in Amerika verbreitet. Vor allem in der deutschen Kolonie Kamerun gab es riesige Kakaoplantagen. Von den knapp 7700 Hektar Plantagenland waren kurz vor Ausbruch des Ersten Weltkrieges rund 90 Prozent im Besitz europäischer Gesellschaften.

18 19

20

18./19. »Nuttige Planten van Kongo«, Liebig (Fleisch-Extract), 1941
18. »De Katoenboom«.
19. »De Cacaoboom«.

18./19. Auch die 1941 im besetzten Belgien herausgegebene Serie hebt den Reichtum in den Kolonien hervor.

20. »Kaffeepflücken in Deutsch-Ostafrika«, aus dem Album »Raubstaat England«, Reemtsma, Cigaretten-Bilderdienst Hamburg-Bahrenfeld, 1941. Text auf der Rückseite: »Die wertvollen, mit unendlichem Fleiß aufgebauten Pflanzungen wurden nach dem Kriege von den Engländern enteignet oder (...) versteigert.«

21

22 23

21.–26. »Kultur der Baumwolle«, Liebig's Fleisch-Extract, 1911.
21. »Lockern des Bodens. Afrika«.
22. »Pflügen und Aussäen. Indien«.
23. »Die Ernte. Nord-Amerika«.
24. »Reinigen der Fasern (›Gienen‹)«.
25. »Das Pressen und Wiegen von Ballen«.
26. »Versand auf dem Mississippi«.

21. bis 26. Seit Jahrtausenden wird Baumwolle in tropisch-subtropischen Regionen angebaut und verarbeitet. Bis ins 19. Jahrhundert wurden vor allem afrikanische Sklaven eingesetzt, was auf solchen Bildern nicht explizit thematisiert wird.

24

LIEBIG'S FLEISCH - EXTRACT.
Die Kultur der Baumwolle – 5.
Das Pressen und Wiegen der Ballen.
Gesetzl. geschützt.
Erklärung siehe Rückseite.

25

LIEBIG'S FLEISCH - EXTRACT.
Die Kultur der Baumwolle – 6.
Versand auf dem Mississippi.
Gesetzl. geschützt.
Erklärung siehe Rückseite.

26

27

27. »Rohstoffe aus Deutsch-Ostafrika«, Seite aus dem Sammelalbum »Deutsche Kolonien«, Cigaretten-Bilderdienst Dresden, 1936.

28. »Phosphatinsel Nauru in der Deutschen Südsee«, aus der Serie »Wert und Schönheit der Deutschen Kolonien«, Echter Andre Hofer Feigenkaffee, 1937. Text auf der Rückseite: »(…) der Wert dieser winzigen Insel (wird) auf dreißig Milliarden Goldmark geschätzt. Nauru besitzt nämlich kostbare Phosphatlager von vielen Millionen Tonnen. (…)« Solche Texte finden sich in den 30er Jahren häufig auf den Sammelbildern, um für die Forderung nach Rückgewinnung der deutschen Kolonien zu werben.

28

29

30

29. »Unsere Kolonien«, Kaiser's Wochenkalender 1938. Goldgewinnung auf Neuguinea.
Die Goldgewinnung spielte in Deutsch-Neuguinea eine untergeordnete Rolle. Die größeren Goldvorkommen dort wurden erst nach der deutschen Kolonialzeit entdeckt.

30. » Wirtschaftliche Erschließung Kameruns«, Deutsche Kolonial-Bilder der Berliner Morgenpost, 1941.
Die Jagd nach Elfenbein besaß vor allem Ende des 19. Jahrhunderts eine beinahe magische Anziehungskraft für Europäer jeglicher Couleur, die sich davon einen raschen und unermesslichen Reichtum versprachen. Allerdings war der Handel mit dem »weißen Gold« in den deutschen Kolonien außer in den Anfangsjahren kaum von Bedeutung.

ERICH MAYER-WINDHUK 1907.
WÜSTENSTREIFEN ZW. SWAKOPMUND U. KARIBIB.
KUNSTDRUCKEREI KÜNSTLERBUND KARLSRUHE.
A. GLÜCK, LITH.

31

Theodor Hildebrand & Sohn, Berlin.
Neu-Guinea: Feldbahn der Astrolabe-Compagnie.

32

33 34

35 36

31. »Wüstenstreifen zw. Swakopmund u. Karibib«, Kupferberg Gold, Chr. Adt. Kupferberg & Co., Sektkellerei Mainz a. Rh., um 1930.
Von allen deutschen Kolonien verfügte Südwestafrika über das ausgedehnteste Eisenbahnnetz. Bis 1914 wurden insgesamt mehr als 2000 Kilometer Schienen verlegt.

32. »Neu-Guinea: Feldbahn der Astrolabe-Compagnie«, Theodor Hildebrand & Sohn, Berlin, Hildebrand's Deutsche Schokolade, Deutscher Kakao, um 1910.
Die Astrolabe-Compagnie war eine 1891 gegründete Kolonialgesellschaft auf Neuguinea (Kaiser-Wilhelmsland), in der Hamburger und Bremer Kapital angelegt war. Neben dem Betrieb vor allem von Tabakplantagen, exportierte die Astrolabe-Compagnie auch Edelhölzer. Sie experimentierte daneben mit dem Anbau von Kokospalmen, Liberia-Kaffee und Kautschuk. Nach wirtschaftlich schlechten Jahren 1895 und 1896 wurde die Gesellschaft mit der Neuguinea-Compagnie verschmolzen.

33. bis 36. »Wirtschaftliche Erschließung«, vier Bilder aus dem Album »Das Kolonial Jubiläums-Jahr«, Großeinkaufsgenossenschaft Hamburg, 1934.
33. »Zentralbahn«.
34. »Usambara-Bahn«.
35. »Beim Straßenbau«.
36. »Schwieriger Straßenbau«.

33. bis 36. Die Bilder zeigen die infrastrukturelle Erschließung Deutsch-Ostafrikas. Die Zentralbahn (Bild 33) durchquerte die Kolonie in Ostwestrichtung und verband Daressalam an der Küste mit Kigoma am Tanganjika-See, während die Usambara-Bahn (Bild 34) zwischen Tanga und dem Kilimandscharo verkehrte. Für das Deutsche Reich rechnete sich der Bau der Eisenbahnlinien nicht. Trotz der immensen Kosten wurde er aber nicht zuletzt aus militärstrategischen Gründen vorangetrieben. Im Gegensatz dazu konnten einzelne Handelshäuser aus den Infrastrukturleistungen des deutschen Staates in hohem Maße profitieren.

37

37. »Dampfer Wissmann auf dem Nyassa See«, aus der Serie »Wissmann in Afrika«, Lahusen's Jod-Eisen-Leberthran, um 1910.

Um die deutsche Vormachtstellung an der Westgrenze von Deutsch-Ostafrika gegenüber den konkurrierenden Kolonialmächten Belgien, Großbritannien und Portugal abzusichern, hatte Reichskommissar Hermann von Wissmann 1892/93 einen für den Transport in seine Einzelteile zerlegten Dampfer der Firma Krupp zum Nyassa-See transportieren lassen. Auf der neugegründeten Station Langenburg in Mpimbi wurde das Schiff zusammengebaut. Der Nyassa-See (heute Malawi-See) ist der kleinste der drei großen Binnenseen Afrikas.

Zur Finanzierung des rund 26 Meter langen und 80 Tonnen schweren Wissmann-Dampfers waren zuvor bei einer »Antisklaverei-Lotterie« im Deutschen Reich mehr als 300 000 Mark gesammelt worden. Mit dem stählernen Dampfboot sollte nicht zuletzt gegenüber den Afrikanern technischer Fortschritt demonstriert werden. Als schwimmender Außenposten der Zivilisation, ausgestattet mit zwei Geschützen und elektrischen Scheinwerfern, war die »Wissmann« Prestigeobjekt und Machtdemonstration zugleich. Wie bei der Hochseeflotte, so kam es auf den afrikanischen Binnenseen zu einem regelrechten Wettrüsten. Für das deutsche Kaiserreich kreuzten auf dem Tanganjika-See außerdem die Schiffe »Hedwig von Wissmann« und die (heute noch erhaltene) »Graf Götzen«.

38. »Der Siegeszug des Kraftwagens in den Kolonien«, aus der Serie »Wert und Schönheit der Deutschen Kolonien«, Echter Andre Hofer Feigenkaffee, 1937.

Text auf der Rückseite: »Die Erschließung der kolonialen Länder durch die Weißen ist seit Jahrhunderten im Gange (…). Man kann heute schon von einem ›Lichten Erdteil‹ sprechen. Der Kraftwagen ist überall, und er kommt überall hin (…).«

Von einem »Siegeszug« des Automobils konnte zu diesem Zeitpunkt nicht die Rede sein, da der Bau dafür geeigneter Straßen nur mühsam vorankam. Auch in den 30er Jahren war die Eisenbahn noch immer das effektivste Verkehrs- und Transportmittel.

38

»Zivilisierende« Gewalt – Die Vermarktung von Kolonialkriegen

Die Reklamesammelbilder griffen immer wieder militärische Motive auf, ob Schlachten, militärische Heerführer hoch zu Ross, den gemeinen Soldaten im Kampfgetümmel oder Bilder zur Uniformen- und Waffenkunde. Kriegsdarstellungen versprachen eine große Aufmerksamkeit beim Publikum und damit den erhofften Werbeeffekt für das jeweilige Produkt. So überrascht es nicht, dass auch die kriegerischen Auseinandersetzungen der europäischen Kolonialmächte in Übersee ein beliebtes Genre abgaben. Die Sensationslust des heimischen Publikums befriedigend, lieferten die Bildchen heroisch stilisierte Illustrationen der Kolonialkriege, in Europa »small wars« genannt.

Die Darstellungen mit ihren Kriegsszenerien vor exotischer Kulisse sind aber alles andere als authentische Bildreportagen. Konfrontiert man die Bilder mit der Realität der Kolonialkriege – ihren Gewaltexzessen bis hin zum Genozid –, tun sich Abgründe auf. Zur Verharmlosung des Kriegsgeschehens neigend, betonen sie eher das abenteuerliche Moment solcher »militärischen Expeditionen«. Fatalistische oder anklagend-kritische Kriegsdarstellungen hat es in der Welt der Sammelbilder nicht gegeben. In Europa fasste man die Kolonialkriege als bewaffnetes Gericht über »primitive Naturvölker« auf, welche sich der Unterwerfung unter die »höhere Rasse« bzw. Zivilisation widersetzten. Die Gewalt gegen die indigene Bevölkerung bereitete kaum Gewissensbisse, galt doch damals, was Hannah Arendt später auf den Punkt brachte: »Man mordete keinen Menschen, wenn man einen Eingeborenen erschlug.«

Die Kriegsbildchen bleiben allerdings hinter der Aggressivität der Kolonialliteratur – und des dazugehörigen Bildmaterials – zurück, weshalb man ihnen auch keine direkte Kriegshetze wird attestieren können. Soweit sich dies feststellen lässt, wurden sie nicht zur Mobilisierung politisch motivierter Kampagnen verwendet, zumal manche Bilderfolge erst mit einem gewissen zeitlichen Abstand zu den betreffenden Ereignissen herausgegeben wurden. Obwohl ihnen also nicht die Funktion eines gezielten Agitationsmittels der Kolonialpolitik zukam, wird man ihnen nur schwer einen politischen Charakter absprechen können. Dazu lieferten die Sammelbilder allzu offensichtlich in Wort und Bild eine Rechtfertigung der von den Europäern geführten Kriege.

Überblickt man die Serien der deutschsprachigen Sammelbilder, zeigt sich, dass sie von den zahlreichen vom wilhelminischen Kaiserreich geführten Kolonialkriegen ein höchst selektives Bild abgeben, denn sie greifen fast ausschließlich diejenigen in China (sog. Boxerkrieg 1900/01) und in Deutsch-Südwestafrika (vor allem Deutsch-Herero- und Deutsch-Nama-Krieg 1904–1908) auf. Die Kriege und »Aufstände« in Togo, Kamerun, Deutsch-Ostafrika oder in der deutschen Südsee erscheinen, wenn überhaupt, nur in Einzelbildern. Die Bilderserien setzen die Kämpfe der »Kaiserlichen Schutztruppen« als Heldenepos in Szene. Die deutschen Interessen und Tugenden verteidigend, tragen sie stets den Sieg über die »Wilden« davon. Der weiße Herrenmensch triumphiert in den als »Rassenkämpfen« rezipierten Kolonialkriegen. Darstellungen vom geschlagenen Feind unterstreichen den Eindruck der eigenen Stärke und Wehrkraft. Die »Heldenkämpfe« der deutschen Kolonialtruppen blieben in den Reklamesammelbildern wie in der Trivialliteratur bis Anfang der 40er Jahre populär und wurden vor allem im konservativ-rechten politischen Spektrum lebendig gehalten.

1

1. »Serpa Pinto schlägt einen Überfall der Makololos ab (1878)«, aus der Serie »Die Eroberung des Erdballs«, Palmsana- und Kaisersana-Pflanzenmargarine, Westdeutsche Nahrungsmittel-Werke, Duisburg, 1934.
Text auf der Rückseite: »Alexander Alb. De Serpa Pinto (1846–1900) war ein portugiesischer Afrikaforscher. Er erforschte und erwarb für Portugal die Gebiete südlich des Rowuma und nördlich des Sambesi, die heutige Kolonie Mozambique. 1878 unterwarf er das Makololo-Land, das aber 1890 an England zurückgegeben werden mußte.«

2 3

2. »Kriegs-Medaille, Dahomey«, Blanko-Bild, um 1900.
Das Bild nimmt Bezug auf die Eroberung des westafrikanischen Dahomey (heute Benin) durch die Franzosen. Dahomey war auf der Berliner Kongo-Konferenz 1884/85 zum Interessengebiet Frankreichs erklärt worden.

3. »Kriegs-Medaille, Fachoda«, Blanko-Bild, um 1900.
Als im Sommer 1898 ein französisches Kommando unter Capitaine Marchand versuchte, den Handelsstützpunkt Faschoda am Weißen Nil im südlichen Sudan zu annektieren, führte dies zu einer Krise zwischen Frankreich und England.

4 

4. »Südwest-Afrika: Witboi-Hottentotten im Hinterhalt«, Theodor Hildebrand & Sohn, Berlin, Hildebrand's Deutsche Schokolade, Deutscher Kakao, um 1900.

5. »Hendrik Witboi ergibt sich dem Major Leutwein«, Theodor Hildebrand & Sohn, Berlin, Hildebrand's Deutsche Schokolade, Deutscher Kakao, um 1900.

5 

4./5. Diese beiden Bilder zeigen Szenen aus dem Krieg zwischen den Witbooi-Nama und der deutschen Kolonialmacht in Südwestafrika in den Jahren 1893/94. Major Leutwein stürmte Mitte des Jahres 1894 das Lager von Hendrik Witbooi in der an die Namibwüste angrenzenden Naukluft und nahm diesen gefangen. Am 18. September musste Witbooi die »Schutzherrschaft« der Deutschen anerkennen.
Nachdem sich Gouverneur Leutwein auch die Gefolgschaft des Paramount-Chiefs der Herero, Samuel Maharero, gesichert hatte, betrieb er eine Politik des »Teile und Herrsche«.

6. »Die Buren schlagen einen Ausfall der Engländer aus Mafeking zurück«, Lahusen's Jod-Eisen-Leberthran, nach 1900.
Nachdem die Buren Großbritannien am 12. Oktober 1899 den Krieg erklärt hatten, marschierten sie zunächst erfolgreich in Natal und die Kapkolonie ein. Sie konnten die britischen Streitkräfte bei Ladysmith in Natal und bei Mafeking (heute Mafikeng) und Kimberley in der Kapkolonie umstellen und britische Einheiten schlagen.

7. »Die Schlacht am Modder River«, Lahusen's Jod-Eisen-Leberthran, nach 1900.
Im zweiten Burenkrieg konnten britische Truppen unter Lord Methuen am Modder River (28. November 1899) unter hohen Verlusten einen Vorstoß der Buren zurückschlagen.

8. »Gepanzerter englischer Eisenbahnzug im Kampfe bei Colenso«, Lahusen's Jod-Eisen-Leberthran, nach 1900.
Britische und burische Truppen lieferten sich am 15. Dezember 1899 die Schlacht von Colenso in KwaZulu-Natal/Südafrika. Diese Schlacht war das erste größere Gefecht im zweiten Burenkrieg.

9. »Aus dem Transvaalkrieg. Sprengung der Eisenbahnbrücke bei Colenso durch eine Burenabteilung«, Trampler Kaffee, Lahr in Baden, nach 1900.

6

7

6. bis 9. Solche Bilder über den sogenannten zweiten Burenkrieg zwischen Großbritannien und verschiedenen Burenrepubliken in Südafrika (1899–1902) waren Teil der damals im Deutschen Reich grassierenden, antibritischen Burenbegeisterung. Ursächlich für den Burenkrieg waren das Streben Großbritanniens nach den Bodenschätzen der Region und nach einem territorial geschlossenen Kolonialimperium auf dem afrikanischen Kontinent sowie die ausländerfeindliche Gesetzgebung der Burenrepubliken. Um die Guerillataktik der Buren zu brechen, ging der britische General Kitchener zu einer Strategie der »verbrannten Erde« über. Die Farmen der Buren wurden zerstört und die Ernten vernichtet, um den Gegner auszuhungern. Etwa 120 000 Buren, vor allem Frauen und Kinder, wurden in Konzentrationslagern interniert, wo mehr als 26 000 an Hunger und Krankheiten starben. Gegen Ende dieses äußerst brutal geführten Kolonialkrieges zwischen Weißen standen 250 000 (von insgesamt 450 000 eingesetzten) britischen Soldaten ungefähr 30 000 Kämpfern auf Seiten der Buren gegenüber.
Nach dem Ende des Krieges wurden die beiden Burenrepubliken in das britische Empire eingegliedert, doch gewährten die Briten den Buren großzügige Friedensbedingungen. Sie erhielten die Rechte britischer Staatsbürger, und Afrikaans wurde als Amtssprache anerkannt.

8

4. GEPANZERTER ENGLISCHER EISENBAHNZUG
im KAMPFE bei COLENSO.
LAHUSEN'S JOD-EISEN-LEBERTHRAN.

9

Sprengung der Eisenbahnbrücke bei Colenso
durch eine Burenabteilung.
R. Knötel.
Aus dem Transvaalkrieg.
SERIE 385. 1.

10

10. »Sturm auf die Taku-Forts«, Hanseaten Kaffee, Oldörp & Jürgen, Lübeck, nach 1900.
11. »Chin. Granate brachte das Pulvermagazin des Mandschur zur Explosion«, Van den Bergh's Vitello Margarine, nach 1900.
12. »Einnahme des Peitangforts«, Thee's von Rudolph Seelig & Co., nach 1900.

10. bis 12. Der sogenannte Boxerkrieg in den Jahren 1900 und 1901 resultierte aus einer Reihe von innen- und außenpolitischen Konflikten des chinesischen Kaiserreiches. Außenpolitisch war die Schwäche Chinas, wie sie in der Kriegsniederlage gegen Japan 1894/95 zum Ausdruck gekommen war, von einigen imperialistischen Mächten zum Erwerb einer Reihe militärischer und kommerzieller Stützpunkte in China genutzt worden. Was das Deutsche Reich betrifft, so hatte es Ende 1897 die Kiautschou-Bucht besetzt. Der westliche Imperialismus ebenso wie soziale Konflikte in Form religiöser Auseinandersetzungen zwischen Christen und Nichtchristen trugen dazu bei, die Spannungen zu verschärfen. Innenpolitisch war die herrschende Qing-Dynastie (1644–1912) durch die Spaltung in Konservative und Reformer geschwächt, die 1898 in der Niederschlagung der »Reform der Hundert Tage« durch die konservative Hofkamarilla um die Kaiserinwitwe Cixi ihren Höhepunkt fand.
In dieser angespannten Situation breitete sich die Boxerbewegung in den Jahren 1899 und 1900 wie ein Flächenbrand über die Provinzen Nordchinas aus. Von der Bezeichnung einer Gruppe, die sich *Yihequan* (»in Rechtschaffenheit vereinigte Faustkämpfer«) nannte, ist die europäische Bezeichnung »Boxer« abgeleitet. Nach den Vorstellungen der Boxer waren in erster Linie die Ausländer (und hier besonders die Missionare), in zweiter Linie die chinesischen Christen für die Notlage der Bevölkerung verantwortlich. Den eigentlichen Kriegsanlass lieferte die Einnahme der Taku-Forts durch die Flotte der ausländischen Mächte am 17. Juni 1900. Drei Tage später wurde der deutsche Gesandte in Peking, Clemens Freiherr von Ketteler, von einem mandschurischen Bannersoldaten erschossen. Am folgenden Tag verkündete der Hof in Peking die Kriegserklärung an die gegnerischen Mächte.
Der »Boxeraufstand« wurde von europäischen Interventionstruppen aus acht Staaten (Deutsches Reich, Frankreich, Großbritannien, Italien, Japan, Österreich-Ungarn, Russland und USA) niedergeschlagen, die unter dem Oberbefehl von Alfred Graf Waldersee standen. Der »Boxerkrieg« stellte nicht nur die erste große koloniale Militäraktion des Deutschen Reiches, sondern dessen ersten Krieg überhaupt seit der Reichsgründung von 1871 dar.

11

Van den Bergh's VITELLO MARGARINE ist die beste.
Chin. Granate brachte das Pulvermagazin Serie I des Mandschur "zur Explosion. Bild 1.
KUNST-ANSTALT v. H.A.J. SCHULTZ HAMBURG. Z.V.N.

12

Thee's von Rudolph Seelig & Co.
Li Hung Tschang.
Einnahme der Peitangforts.
No 10.

Der Krieg in China. Nr. 3.
Die Ermordung des deutschen
Gesandten in Peking

13

Boxer in der Strasse der
Gesandschaften in Peking.

14

15

13. »Der Krieg in China. Die Ermordung des deutschen Gesandten in Peking«, Carl Schulze (Teigwaren), Bruchsal, Baden, nach 1900.
Das Bild vermittelt den Eindruck, dass die Tötung des deutschen Gesandten Clemens von Ketteler am 20. Juni 1900 in Peking ein gezieltes Attentat durch Boxer gewesen sei. Dies entspricht nicht den Tatsachen. Nach dem bisherigen Forschungsstand wurde Ketteler von einem Bannersoldaten (Unteroffizier) der chinesischen Armee namens En Hai erschossen. En Hai feuerte aus Notwehr auf den deutschen Gesandten, der den ersten Schuss aus unklaren Gründen selbst abgegeben hatte. Es gab auch kein Komplott des chinesischen Kaiserhauses gegen den unbequemen Diplomaten, sondern aus einem Missverständnis heraus war es zu dem Schusswechsel gekommen.

14. »Boxer in der Strasse der Gesandtschaften in Peking«, Blanko-Bild, nach 1900.
Nachdem sich in westlichen Medien das Gerücht verbreitet hatte, alle im Gesandtschaftsviertel in Peking befindlichen Europäer seien von Boxern ermordet worden, eskalierte der Konflikt zwischen China und den alliierten Mächten.

15. »Kampf und Erstürmung von Tientsin«, Druck und Verlag von Oehmigke & Riemschneider, Neu Ruppin, um 1900.
Nach der Erstürmung des Taku-Forts (17. Juni 1900) kam es zu Kämpfen in und um Tientsin, der kriegsentscheidenden und heftigsten Auseinandersetzung während des ganzen Boxerkrieges. Am 14. Juli eroberten die alliierten Streitkräfte nach erbitterten Kämpfen die Stadt, die das letzte Bollwerk auf dem Weg nach Peking war.

Thee s von Rudolph Seelig & Co.
Prinz Tsching.
Erstürmung von Peking.
No7.

16

A.L. Mohr, Act.-Ges., Altona-Bahrenfeld.
Serie E.
Graf Waldersee zur Truppenschau in Schanghai.
Bild 6.

17

18

16. »Erstürmung von Peking«, Thee's von Rudolph Seelig & Co., vor 1914.

17. »Graf Waldersee zur Truppenschau in Schanghai«, A. L. Mohr, Act. Ges. (Margarine), Altona-Bahrenfeldt, nach 1900. Alfred Graf Waldersee (1832–1904) führte 1900/01 den Oberbefehl über die Interventionstruppen aus acht Staaten (Deutsches Reich, Frankreich, Großbritannien, Italien, Japan, Österreich-Ungarn, Russland und USA), die der Boxerbewegung in China eine Ende bereiten sollte. Der Volksmund nannte ihn spöttisch »Weltmarschall«, da Peking bei seinem Eintreffen im September 1900 bereits erobert und der Krieg beendet war.
Waldersee ordnete daraufhin blutige Strafexpeditionen gegen die noch bestehenden »Widerstandsnester« der Boxerbewegung an. An den von den Verbündeten verübten Ausschreitungen – Massaker, Hinrichtungen, Zerstörungen von Kulturgut und Plünderungen – waren allerdings Angehörige aller acht genannten Nationen, wenn auch in unterschiedlichem Ausmaß, beteiligt. In praktisch allen diesen Staaten wurde aus humanitären Überlegungen massive Kritik am Truppeneinsatz in China geäußert.

18. »Die Deutschen vor die Front! Unsere Marinesoldaten im Chinafeldzug 1900«, Kyriazi Zigarettenfabrik, Hamburg, um 1933.
Die Abbildung geht auf das bekannte Gemälde »The Germans to the front!« von Carl Röchling zurück. Es zeigt deutsche Marinesoldaten bei der Niederschlagung der Boxerbewegung in China. Der Titel spielt auf einen Ausspruch des britischen Admirals Lord Seymour an, der eigentlich nicht mehr zum Inhalt hatte als die turnusmäßige Ablösung an der Spitze der Interventionstruppen. Von interessierter deutscher Seite wurde dieser an sich banale Sachverhalt gern umgedeutet: Die Briten hätten in der Not nach den deutschen Soldaten gerufen. Reproduktionen des Gemäldes hingen in den Jahren vor dem Ersten Weltkrieg in vielen national gesinnten Bürgerhäusern.

19 20

21 22

19. »Guerre de Chine. Les Martyrs de Quai (Petchili) 11 Aout 1900«, Café des Gourmets, Trébucien, nach 1900.
20. »Zerstörung von Kirchen und Missionshäusern in Peking«, Palmin (Pflanzenfette), nach 1900.

21. »China-Serie. Boxer morden die Europäer«, Hauswaldt (Kakao), Magdeburg, nach 1900.
22. »China-Serie. Christenverfolgung«, Hauswaldt (Kakao), Magdeburg, nach 1900.

23

23. »Der Krieg in China«, zeitgenössische Postkarte, nach 1900.
Die Ästhetik zwischen den Massenmedien der Reklamesammelbilder und Postkarten unterschied sich in diesem Fall kaum. Unter dem Schutz der – die Heilige Schrift präsentierenden – Germania und Kaiser Wilhelm II. stürmen die Soldaten gegen die Boxer vor. Sie erscheinen wie Kreuzritter wider die »Gelbe Gefahr«. Kaiser Wilhelm II. hatte am 27. Juli 1900 in Bremerhaven eine Rede an die nach Ostasien aufbrechenden deutschen Truppen gehalten. In dieser später als »Hunnenrede« bekannt gewordene Ansprache hatte Wilhelm II. zu einem rücksichtslosen Rachefeldzug in China aufgerufen: »Eine große Aufgabe harrt Eurer: Ihr sollt das schwere Unrecht, das geschehen ist, sühnen. Die Chinesen haben das Völkerrecht umgeworfen, sie haben in einer in der Weltgeschichte nicht erhörten Weise der Heiligkeit des Gesandten, den Pflichten des Gastrechts Hohn gesprochen. (…). Ihr wißt es wohl, Ihr sollt fechten gegen einen verschlagenen, tapferen, gut bewaffneten, grausamen Feind. Kommt ihr an ihn, so wißt: Pardon wird nicht gegeben, Gefangene werden nicht gemacht; führt Eure Waffen so, daß auf tausend Jahre hinaus kein Chinese mehr es wagt, einen Deutschen scheel anzusehen. Wahrt Manneszucht, der Segen Gottes sei mit Euch (…). Oeffnet der Kultur den Weg ein für alle Mal! Nun könnt Ihr reisen! Adieu Kameraden!«

19. bis 22. Solche Bilder von zerstörten Kirchen sowie ermordeten Europäern sollten den Topos von der »gelben Gefahr« heraufbeschwören, mit dem die europäischen Kolonialmächte Ressentiments gegen die asiatischen Völker, allen voran die Chinesen, zu schüren versuchten.
Den Boxern wurde vorgeworfen, ihre Gefangenen barbarischen Foltern zu unterziehen und sie zu Tode zu quälen. Damit sollten alle Hemmungen bei der Bekämpfung der Boxer fallen. Diese Bilder, die nur europäische Opfer zeigen, obwohl sich die Angriffe der Boxer fast ausschließlich gegen chinesische Christen richteten, und die in ihrer Motivik seltsam an die christliche Hexenverfolgung erinnern, verschweigen, dass die eigentlichen Strafexpeditionen unter der Führung des »Weltmarschalls« Waldersees erst einsetzten, nachdem der Widerstand der Boxer längst niedergeworfen war. Diese »Expeditionen« forderten nochmals Zehntausende von Opfern.

24

24. »Hereroaufstand. Farmer Lange von Herero ermordet«,
Blanko-Bild, um 1905.

24./25. Der Kolonialkrieg in Deutsch-Südwestafrika, dem heutigen Namibia, begann am 12. Januar 1904, als die Herero unter ihrem Paramount-Chief Samuel Maharero deutsche Farmen, Militärstationen und die Eisenbahnlinie Windhoek–Swakopmund überfielen. Als Kriegsursachen gelten die Verschärfung der sozialen Spannungen mit den in immer größerer Zahl einwandernden weißen Siedlern, die Vergewaltigungen von Herero-Frauen, eine nach Hautfarbe entscheidende Kolonialgerichtsbarkeit, das Händler- und Kreditunwesen, Landverluste und die Einrichtung erster Reservate, in die die Afrikaner abgeschoben werden sollten.

Nach verschiedenen Gefechten wurden die Herero am Waterberg (11./12. August 1904) bzw. durch die sich daran anschließende Abdrängung in das wasserlose Sandfeld der Omaheke vernichtend geschlagen. Anfang Oktober 1904 erhoben sich dann die Nama unter der Führung von Hendrik Witbooi gegen die deutsche Kolonialherrschaft. Letztlich erlag auch dieser Widerstand der Übermacht des deutschen Kolonialmilitärs. Die überlebenden Nama wurden wie die Herero in Konzentrationslagern interniert.

Der Kriegszustand in der Kolonie Deutsch-Südwestafrika wurde von deutscher Seite am 31. März 1907 offiziell für been-

25

25. »Neues siegreiches Gefecht des Hauptmann Franke«, Tribus & Sundheim, Kaffee, Gießen, um 1905.

det erklärt. Mit der formellen Aufhebung der Kriegsgefangenschaft Anfang des Jahres 1908 sind auch die von der deutschen Kolonialverwaltung eingerichteten Konzentrationslager aufgelöst worden. Die besiegten Afrikaner verloren infolge des Krieges ihr Land und ihren Viehbesitz. Enteignet und weitgehend entrechtet, unterwarfen die deutschen Kolonialherren sie fortan einem rigiden Kontrollsystem.

Es war vor allem der Krieg in Deutsch-Südwestafrika, der den Kolonien im Deutschen Reich wieder neue Aufmerksamkeit in der Öffentlichkeit bescherte. Dies war dem vergleichsweise hohen »Blutzoll« – unter den deutschen Siedlern und Soldaten – geschuldet. Der Kolonialkrieg kostete auf deutscher Seite 1750 Menschen das Leben. Die Mortalitätsrate auf afrikanischer Seite kann nur geschätzt werden. So wird davon ausgegangen, dass zwischen 35 und 80 Prozent der ungefähr 40 000 bis 100 000 Herero und bis zu 50 Prozent der etwa 22 000 Nama umgekommen sind. Die Opfer unter den Afrikanern wurden damals allerdings nur von der politischen Linken, der SPD, sowie von einigen Zentrums-Politikern erwähnt. Die Kriegführung der deutschen »Schutztruppe« unter dem hauptverantwortlichen General Lothar von Trotha wird heute als Völkermord bewertet.

Herero-Aufstand in Deutsch Südwest-Afrika.
Herero-Frau.
Viehraub durch Hereros.
C.Retelsdorf, Hamburg.
1.

Herero-Aufstand in Deutsch-Südwest-Afrika.
Kamaharero.
Kriegsrat der Herero.
3.
Freiburger Früchtenkaffee.

26 27

Herero-Aufstand in Deutsch-Südwest-Afrika.
Führer der Schutztruppe.
Zerstörung von Omaruru.
4.
Freiburger Früchtenkaffee.

Herero-Aufstand in Deutsch-Südwest-Afrika.
Herero-Gigerl.
Gefangenentransport.
6.
Freiburger Früchtenkaffee.

28 29

Herero-Aufstand in Deutsch-Südwest-Afrika.
Gefesselter Herero.
Gefangene Hereros.
5.
Freiburger Früchtenkaffee.

30

26. »Herero-Aufstand in Deutsch-Südwest-Afrika«, C. Retelsdorf (Kaffee), Hamburg, um 1910.
Text auf der Rückseite: »Hinterlistigkeit und Falschheit sind die Eigenschaften der Hereros gegen die Weissen. Die Leute gehen nackt, Frauen tragen eine Mantelkapuze aus Fell mit drei aus Leder gefertigten Spitzen. Besonders nachts üben sie ihren Raub aus, wobei aber die Diebereien sich nicht allein auf Vieh ausdehnen, sondern sie nehmen auch alles mit, was ihnen unter die Finger kommt. Unser Bild zeigt die Beraubung der Farm ›Hoffnung‹, 10 Kilometer von Windhoek.«

27. bis 30. »Herero-Aufstand in Deutsch-Südwest-Afrika«, Freiburger Früchtenkaffee, um 1910.
27. »Kriegsrat der Herero«.
28. »Zerstörung von Omaruru«.
29. »Gefangenentransport«.
30. »Gefangene Hereros«.

31. Gefangene Herero, Fotografie, 1905/06.
Der Vergleich dieser Fotografie mit dem Bild 30 (»Gefangene Hereros«) macht deutlich, wie sehr die Reklamesammelbilder die Ereignisse des Kolonialkrieges verharmlosen.
Die 1905/06 aufgenommene Fotografie zeigt die katastrophale Lage der kriegsgefangenen Herero im Konzentrationslager von Windhoek. Im Bildhintergrund ist das Kolonialfort der Stadt – die noch heute erhaltene »Alte Feste« – zu erkennen. Solche Konzentrationslager, die von Ende 1904 bis Anfang 1908 bestanden, gab es auch in Okahandja, Omaruru, Karibib, Keetmannshoop, Swakopmund oder Lüderitzbucht. Nahezu jeder zweite inhaftierte Herero und Nama kam in den Lagern ums Leben. In einer »Zusammenstellung über die Sterblichkeit in den Kriegsgefangenenlagern in Deutsch-Südwestafrika« heißt es: »Nach den eingegangenen, den Zeitraum vom Oktober 1904 bis März 1907 umfassenden Berichten sind insgesamt von etwa 15 000 Köpfe betragenden Hereros und den etwa 2000 Köpfe starken Hottentotten 7682, also 45,2 Prozent der gesamten Gefangenen gestorben.«
Der Tod Abertausender afrikanischer Kriegsgefangener war seitens der deutschen Kolonialmacht billigend in Kauf genommen worden; vor allem für die Anfangsphase des Krieges kann davon ausgegangen werden, dass das massenhafte Sterben der Gefangenen auch beabsichtigt war. Als wirksames Kontroll- und Bestrafungsinstrument dienten die Lager während der Kriegsjahre der Erfassung der aufständischen Afrikaner, um diese nach ihrer Registrierung als Zwangsarbeiter überall im Land weiterleiten zu können. Insofern sind die Lager ein wesentlicher Bestandteil der Unterwerfungspolitik gewesen und damit keine »normalen« Internierungslager. Zum ersten Mal in der Geschichte des Systems der Konzentrationslager, das sich zu Beginn des 20. Jahrhunderts herausbildete, zeigte sich hier auch die Verbindung von Inhaftierung und Zwangsarbeit.

31

32

33 34

32. bis 36. »Aufstand in Deutsch-Afrika«, Milka, Tafel-Margarine, um 1905.
32. »Herero im Hinterhalt (einen Überfall vorbereitend)«.
33. »Vor dem Abmarsch gegen Aufständische«.
34. »Marine- und Schutztruppen gegen Eingeborene«.
35. »Siegreicher Kampf am Waterberge«.
36. »Rückkehr mit Beute nach dem Gefecht«.

32. bis 36. Viele Bildchen über den südwestafrikanischen Kolonialkrieg von 1904 bis 1908 entsprechen nicht dem historischen Vorbild. So haben die Herero und Nama keine solchen um die Hüften gewickelten Stofftücher getragen, wie das auf dem Bild 32 der Fall ist, ebenso wenig wie es im semi-ariden südwestlichen Afrika eine subtropische Flora gibt. Auch erwecken manche Bilder den falschen Eindruck, als hätten in den Reihen der deutschen »Schutztruppen« große Kontingente von afrikanischen Hilfstruppen gekämpft; im Jahr 1904 gehörten lediglich 132 afrikanische Soldaten zur »Kaiserlichen Schutztruppe« in Deutsch-Südwestafrika. Die schließlich auf Bild 36 zu sehende »Rückkehr mit Beute nach dem Gefecht« macht nicht klar, was der Verlust der Rinderherden für die Herero bedeutete (siehe auch Kommentar zu Bild 41 auf Seite 143).

Aufstand in Deutsch-Afrika. Siegreicher Kampf am Waterberge.

35

Aufstand in Deutsch-Afrika. Rückkehr mit Beute nach dem Gefecht.

36

Der Herero-Aufstand in Deutsch Süd-West-Afrika
Karibib: Verteidigung des Bahnhofs
Aecht Franck
2

37

Der Herero-Aufstand in Deutsch Süd-West-Afrika
Kämpfe am Waterberg
Aecht Franck
3

38

39

40

41

37. bis 41. »Der Herero-Aufstand in Deutsch Süd-West-Afrika«, Aecht Franck Kaffeezusatz, um 1910.
37. »Karibib: Verteidigung des Bahnhofs«.
38. »Kämpfe am Waterberg«.
39. »Ermordung des Hauptmanns v. Burgdorff«.
40. »Einbringen gefangener Witbois bei Stamprietfontein«.
41. »Erbeutetes Vieh aus den Kämpfen bei Zwartfontein«.

Die Beschlagnahmung von Vieh, vor allem der Rinderherden – wie sie auch im Bild 36 auf Seite 141 gezeigt wird –, hatte besonders für die Herero verheerende Folgen. Die Herero gehören zu den rinderzüchtenden Völkern Afrikas. Das Rind stellte in der damaligen Zeit nicht nur deren wirtschaftliche Basis dar, sondern es stand darüber hinaus durch seine umfassenden sozialpolitischen und religiösen Funktionen im Zentrum ihrer Kultur. Der soziale Status wuchs mit der Zahl von Rindern.

Neben dieser politischen Bedeutung, lebten die Herero in einer kulturellen Symbiose mit dem Rind. Da es bei den Herero keinen Kultus für Gott gab – er (Ndjambi) war viel zu heilig, als dass man seinen Namen aussprach –, wurde die religiöse Praxis in der Ahnenverehrung sichtbar. Den Ahnendienst am Ahnenfeuer (*okuruuo*) konnte jedoch ein rinderloser Herero schlechterdings nicht leisten, da es ohne Rinder keine Opfer gab und die Riten nicht sinngemäß durchgeführt werden konnten.

Das Geheimnis der Zusammengehörigkeit zwischen dem Rind und den Vorvätern zeigte sich am sinnfälligsten darin, dass abends bei der Heimkehr der Rinder gesagt wurde, »mit den Rindern kommen die Väter«, was symbolisch gemeint war, nicht etwa in dem Sinne, dass die Ahnen in den Rindern wohnen.

Mit dem gänzlichen Verlust der Rinderherden 1904 und der anschließenden Enteignung der übriggebliebenen kleinen Restbestände, erlosch zumindest vorübergehend das *okuruuo* und mit ihm der Ahnendienst, so dass die Verbindung zu den Vorvätern unterbrochen wurde.

42

43

42. Cacao Sarotti-Chocolade, um 1906. Ausladung von Truppen in Südwestafrika.
43. »Hereroaufstand. Ankunft der Schutztruppe in Swakopmund«, Blanko-Bild, um 1905.

44. »Bilder aus Deutsch-Südwest-Afrika«, Marke Bintz, Corned-Beef, um 1905. Text auf der Rückseite: »Expedition gegen die Zwaartbois. (Eindringen in den Kraal.) Von den in unseren Schutzgebieten lebenden Negervölkern zählt man die Hottentotten zu der Urbevölkerung Afrikas. Sie zerfallen in mehrere Stämme, von denen die Zwaartbois oder Bondelszwaarts einer der räuberischsten Stämme bilden. Sie sind Viehzüchter, verschmähen aber niemals einen Esel- oder Pferdediebstahl, sodaß die Schutztruppe des öfteren gegen sie vorgehen mußte. Die Hottentotten werden nur mittelgroß – bis 1,60 Meter –, ihre Hautfarbe ist gelbbraun, der Schädel flach und eingedrückt. Die Frauen haben den für ihre Rasse so charakteristischen Fettsteiß.« Der Text über die Nama-Gruppen lässt fast kein rassistisches Stereotyp über die Afrikaner aus.

45. »Kolonialkämpfe in Süd-West-Afrika. Gefangene Bondelzwarts auf ihrer Werft«, Elfenbeinseife, Schutzmarke Elefant, Günther & Haussner Chemnitz-Kappel, um 1905.

BILDER AUS DEUTSCH-SÜDWEST-AFRIKA.
Marke BINTZ
Nº 1
Ges. geschützt.
SIEHE RÜCKSEITE.

44

Serie 582. No. 2.
Kolonialkämpfe in Süd-West-Afrika:
Gefangene Bondelzwarts auf ihrer Werft.

45

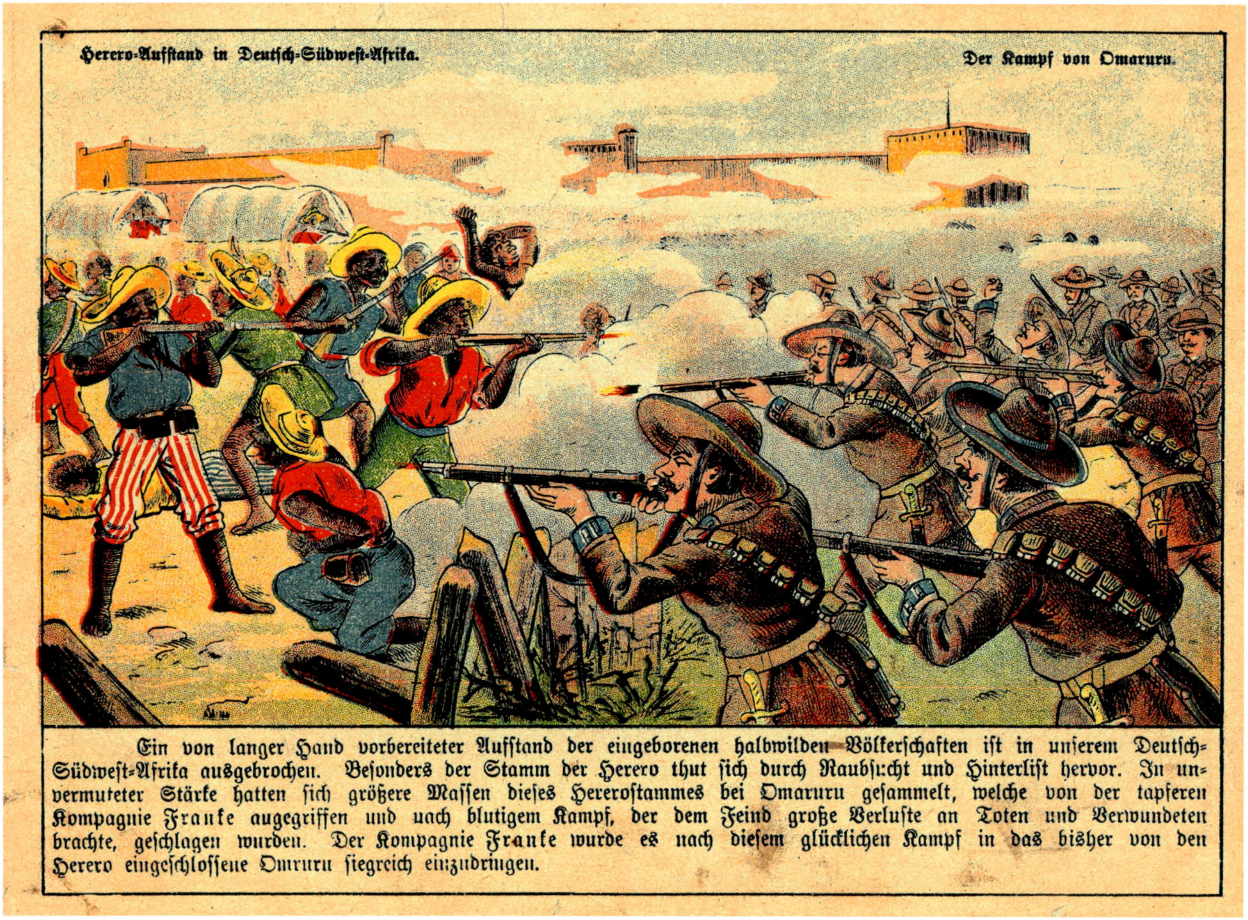

46

46. »Herero-Aufstand in Deutsch-Südwest-Afrika. Der Kampf von Omaruru«, Richard Selbmann, Cacao- und Chokolade- Fabriken, Dresden, um 1905.
47. »Siegreiches Gefecht bei Omaruru«, Tribus & Sundheim, Kaffee, Gießen, um 1905.

46./47. Der Ort Omaruru war Anfang 1904 Schauplatz eines Gefechtes zwischen den Herero und den Deutschen. Die dort stationierten deutschen Soldaten hatten sich gegen die angreifenden Herero verschanzt. Mit Hilfe einer Kompanie unter Hauptmann Victor Franke konnten die Belagerten befreit werden. Dieses Ereignis gab in der deutschen Erinnerungskultur immer wieder den Anlass zu heroisierenden Darstellungen.

47

48

48. »Unsere Kolonien«, Kaiser's Wochenkalender 1938. Die Schlacht am Waterberg.
Text auf der Rückseite: »Die große Schlacht am Waterberge. Sie gilt in der deutschen Kolonialgeschichte als eine der größten Heldentaten der kleinen deutschen Schutztruppe, die in dem großen Herero- und Hottentottenaufstand 1904–1908 um den Bestand der deutschen Kolonie Südwestafrika kämpfte. (...) Dank der eisernen Disziplin der Schutztruppe gelang es, den Feind unter eigenen schweren Verlusten von den Wasserstellen zurückzuwerfen, und am 11. August 1904 kann General von Trotha die Aufständigen endgültig in das Sandfeld der Omaheke jagen und damit ihr Schicksal besiegeln (...).«
Was in dem Text als heldenhafte Tat verherrlicht wird, war in Wirklichkeit nichts anderes als ein grausamer Akt der Vernichtung eines Volkes. Nach der »Schlacht am Waterberg« (11./12. August 1904) waren die Herero in die wasserarme Omaheke-Halbwüste geflüchtet bzw. durch die deutschen Kolonialtruppen abgedrängt worden. Obwohl den Herero die durch die Omaheke ins benachbarte britische Betschuanaland (heute Botswana) führenden Handelswege bekannt waren, sind wohl Zehntausende von ihnen auf der Flucht ums Leben gekommen, da das deutsche Militär auf Anordnung des befehlshabenden Generals Lothar von Trotha die Rückwege abschnitt, die Fliehenden verfolgte und vor allem die Wasserstellen besetzte, deren Kapazität ohnehin nicht für den Andrang so vieler Menschen und Tiere ausreichte. General von Trotha hat die Omaheke zu seinem Mordwerkzeug gemacht. Im kollektiven Gedächtnis der Herero sind die Menschenverluste noch immer ein traumatisches Erlebnis. Bei ihnen werden bis heute Preislieder gesungen, die den Kampf gegen den Durst auf der Flucht und die Gefechte an den Wasserstellen in Erinnerung halten. Dazu gehört auch jene – das Leiden verdichtende – Geschichte über die Herero-Frauen, die anstelle ihrer Babys die Männer stillten, um deren Überleben und damit die Fortsetzung des Widerstandes zu sichern.
In der Gegend am Waterberg finden sich nur die Gräber der gefallenen deutschen Soldaten. Die ungezählten Herero, die dort ihr Leben verloren haben, sind ohne Grab geblieben.

49

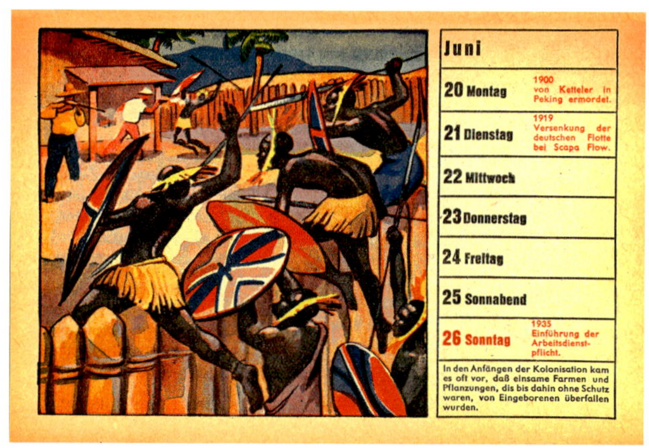

50 51

49. bis 51. »Unsere Kolonien«, Kaiser's Wochenkalender 1938.
49. Krieg auf der der Südsee-Insel Ponape.
50. Krieg in der deutschen Kolonie Kamerun.
51. Krieg in den deutschen Kolonien.

49. bis 51. »Kaiser's«, eigentlich »Kaiser's Kaffee Geschäft AG«, ein Lebensmittelgroßhändler, verteilte zu Werbezwecken solche Wochenkalender an seine Kundschaft. Darin waren wichtige Daten der Kolonialgeschichte, des Ersten Weltkriegs und des »Dritten Reiches« vermerkt (siehe auch Kommentar zu den Bildern 14/15 auf Seite 240).
Bild 49 stellt eine gewisse Besonderheit dar, da es im Unterschied zu verklärenden Südseeansichten einen militärischen Konflikt zwischen den deutschen Kolonialherren und den Einwohnern der Pazifikinsel Ponape thematisiert. Dort war es 1910/11 zu schweren Unruhen gekommen. Das Deutsche Reich ließ nach der Niederschlagung des Aufstandes Hunderte von Ponapesen deportieren.

52

53

54

52. »Weltkrieg und Beschießung von Daressalam« durch die Engländer, Erdal, Marke Rotfrosch, Kwak Bohnerwachs, 1927.
Der Erste Weltkrieg fand auch in Afrika statt. Im Verlauf der Kriegsjahre gingen alle deutschen Kolonien verloren. Als der bei weitem längste und verlustreichste Feldzug in Afrika erwies sich die Eroberung Deutsch-Ostafrikas durch die Alliierten. Die aus etwa 60 000 Mann (3600 Deutsche, 14 600 Askari und 45 000 afrikanische Träger) bestehende deutsche »Schutztruppe« unter dem Kommando von Paul von Lettow-Vorbeck führte einen Guerillakrieg, mit dem es ihr gelang, der weit überlegenen britischen Streitmacht (mit 160 000 englischen, indischen, weißen südafrikanischen und afrikanischen Soldaten sowie einer Million Trägern) bis 1918 Widerstand zu leisten.
Dieser zu zahlreichen Mythenbildungen Anlass gebende »Erfolg« stellt sich jedoch bei näherem Hinsehen als gänzlich sinnlos dar. Wohl gelang es Lettow-Vorbeck eine Niederlage seiner Truppen zu vermeiden, er konnte jedoch die Kolonie gegen den britischen Angriff nicht erfolgreich verteidigen. Die Häfen und Funkanlagen wurden von den Briten erobert, wodurch sie ihr vorrangiges Kriegsziel erreichten. Zwar band Lettow-Vorbeck durch den von ihm geführten Guerillakrieg eine größere Anzahl gegnerischer Truppen in Deutsch-Ostafrika und hielt sie so von einem eventuellen Einsatz in Europa ab, eine kriegsentscheidende Bedeutung kam dem jedoch nicht zu. Dafür waren die eingesetzten Truppen im Vergleich zu den in Europa kämpfenden Armeen zu unbedeutend.

53. »Weltkrieg. Deutsche Polizeiabteilung in Kamerun«, Erdal, Marke Rotfrosch, Kwak Bohnerwachs, 1927.

54. »Weltkrieg. Gefecht bei Naulila«, Erdal, Marke Rotfrosch, Kwak Bohnerwachs, 1927.
Das Bild zeigt ein vor deutschen Schutztruppeneinheiten flüchtendes portugiesisches Expeditionskorps im Grenzgebiet zwischen Südwestafrika und Angola.

55. »Der Weltkrieg und die Kolonien«, Deutsche Kolonial-Bilder der Berliner Morgenpost, 1941.
In Kamerun wurde die wichtige Küstenstadt Duala bereits kurz nach Kriegsbeginn am 28. September 1914 von britischen und französischen Verbänden kampflos eingenommen; die deutschen Truppen zogen sich ins Landesinnere zurück und wurden dort Ende 1915 zusammengedrängt. Die Reste der »Schutztruppe« wichen Anfang 1916 über die Grenze nach Spanisch-Guinea aus. Ihnen gelang es, sich zur Küste durchzuschlagen und sich dort internieren zu lassen.

56. »Unsere Kolonien«, Kaiser's Wochenkalender 1938. Deutsch-Ostafrika im Ersten Weltkrieg.
Loblied auf die in deutschen Diensten stehenden »treuen Askari« (siehe auch Kommentar zu Bild 35 auf Seite 248) und die von Paul von Lettow-Vorbeck angewandte Guerillataktik.

55

56

57 

57. »1000 Jahre Deutscher Geschichte. Lettow-Vorbecks Kämpfe in Ostafrika (1918)«, Teuta-Margarine, Fritz Homann A. G., Dissen, nach 1914.
Text auf der Rückseite: »Auf ganz verlorenem Posten kämpften während des Weltkrieges unsere Schutztruppen in Ostafrika. Wie Kiautschou, so gingen auch die für Deutschlands Außenhandel so wichtigen afrik.(anischen) Kolonialgebiete verloren. (…) Es war ein Buschkrieg, oft geführt mit der ganzen Wildheit farbiger Soldaten. Als endlich die Engländer das Land in der Hand hatten, trat der Waffenstillstand ein.«
Paul von Lettow-Vorbeck (1870–1964) war eine der wichtigsten Symbolfiguren der deutschen Kolonialbewegung in den 20er und 30er Jahren, die für die Rückgabe des »geraubten Kolonialreiches« eintrat. Lettow-Vorbeck hatte an der Niederschlagung des Boxeraufstandes in China (1900/01) und am Krieg gegen die Herero und Nama in Deutsch-Südwestafrika (1904–1908) teilgenommen. Vor allem durch sein Kommando über die »Schutztruppe« während des Ersten Weltkriegs in Deutsch-Ostafrika (heute Tansania, Ruanda und Burundi) wurde er berühmt. Lettow-Vorbeck genoss selbst bei seinen ehemaligen Gegnern, die zwar Ostafrika besetzen, aber seiner Person nicht habhaft werden konnten, den Ruf »als fähigster Kolonialsoldat des Ersten Weltkrieges«. Als »im Felde unbesiegter« Kriegsheld kehrte er im Triumphzug Anfang 1919 nach Deutschland zurück und wurde als »Löwe von Afrika« zu einer der Galionsfiguren der kolonialrevisionistischen Bewegung.
Dass der jahrelang geführte Guerillakrieg eine Unzahl von Opfern und langfristige ökologische Verheerungen für Ostafrika bedeutete, blieb freilich bei allen Würdigungen Lettow-Vorbecks unerwähnt. Schätzungen besagen, dass durch die direkten und indirekten Kriegseinwirkungen dieses Abnutzungskrieges bis zu einer halben Million Menschen aus den Reihen der deutschen und alliierten Truppen sowie der Zivilbevölkerung den Tod fand. Insgesamt wurden sowohl die Kolonie als auch die angrenzenden britischen Besitzungen schwer geschädigt. Und dies nicht nur durch die unmittelbaren Kampfhandlungen, sondern vor allem auch durch die rücksichtslose Zwangsrekrutierung von Hilfspersonal auf britischer wie auf deutscher Seite. Aufgrund der dadurch beeinträchtigten Landwirtschaft kam es zu Hungersnöten noch über das Kriegsende hinaus.
Der britische Historiker John Iliffe urteilte wie folgt über die Kriegsführung des Generals Paul von Lettow-Vorbeck: Für ihn »spielten die Interessen Ostafrikas keine Rolle. (...) Lettow-Vorbecks brillanter Feldzug war der Höhepunkt der Ausbeutung Afrikas: seine Verwendung als reines Schlachtfeld.«

Franck
FRANCK

Glorifizierung – Der Olymp der deutschen »Kolonialheroen«

Die Kolonialgeschichte ist durch die Zeiten oft erzählt und – je nach politischem Kontext – neu interpretiert worden, ob als Entdeckungs- und Abenteuergeschichte, als Saga heroischer Forschungsreisender, als exotisierende Beschreibung ferner Völker und deren Sitten und Gebräuche, völkisch als Sieg der überlegenen »weißen Rasse« gegenüber »wilden Völkerschaften«, als zivilisatorisches Projekt, als Vernichtung und Völkermord oder als illegitime Fremdherrschaft. In der deutschen Populärkultur wurde sie früher häufig auch als Heldenepos, als Parabel für den Mut einzelner »großer Kolonialpioniere« vorgetragen, die sich für ihr »Mutterland« aufgeopfert haben. Zwar sollten die deutschen »Kolonialheroen« zu Identifikationsfiguren von nationalem Rang stilisiert und aufgebaut werden, um dem patriotischen Stolz Nahrung zu geben, doch haben sie wohl zu keiner Zeit den Rang von nationalen Symbolfiguren tatsächlich einnehmen können.
Adolf Lüderitz, Gustav Nachtigal, Carl Peters und Hermann von Wissmann waren die Männer, denen man die Pionierleistungen auf »kolonialem Felde« zuschrieb und die man in den Sammelbildern ehrte. Abgesehen von *dem* Nationalhelden schlechthin, Reichskanzler Bismarck – verklärt als »Begründer des deutschen Kolonialreiches« –, treten einzelne Militärs wie der »Weltmarschall« Alfred Graf von Waldersee und nach dem Ersten Weltkrieg immer wieder der »Löwe von Ostafrika«, Paul von Lettow-Vorbeck, in Erscheinung. Am häufigsten wurde Hermann von Wissmann im Medium der Sammelbilder gewürdigt. Dies deckt sich mit den Bestrebungen der deutschen Kolonialbewegung, Wissmann geradezu in den Rang eines kolonialen Säulenheiligen zu erheben. Die Sammelbilder kolportieren die heute noch kursierende Legende, der Afrikareisende und Reichskommissar von Deutsch-Ostafrika habe sich Verdienste um die Sklavenbefreiung erworben.
Heutzutage gibt es – abgesehen von einigen Traditionsverbänden – keine explizite Verehrung dieser historischen Persönlichkeiten mehr. Die »Kolonialhelden« sind weitgehend in Vergessenheit geraten. Zwar gibt es in manchen Städten noch immer Straßen, die nach ihnen benannt sind (zum Beispiel gleich zwei Wissmann-Straßen in Berlin oder die Lettow-Vorbeck-Kaserne in Leer), doch ist schon so mancher Verkehrsweg nach öffentlichen Debatten umbenannt worden, wozu vor allem die Carl-Peters-Straßen oder -Plätze (etwa in Hannover) gehören.

1. »Friedrich Wilhelm v. d. Gröben gründet die Kolonie Groß-Friedrichsburg (1683)«, aus der Serie »Die Eroberung des Erdballs«, Palmsana- und Kaisersana-Pflanzenmargarine, Westdeutsche Nahrungsmittel-Werke, Duisburg, 1934.
Otto Friedrich – nicht wie in der Bildaufschrift Friedrich Wilhelm – von der Groeben (1657–1728) gründete im Jahr 1683 im Auftrag des Großen Kurfürsten die an der westafrikanischen Küste (im heutigen Ghana) gelegene Kolonie Großfriedrichsburg. Schon 1717 gab Friedrich Wilhelm I. von Preußen den Handelsstützpunkt vor allem aus wirtschaftlichen Gründen wieder auf.

1

2

2. »Fürst Bismarck – Begründer der deutschen Kolonien«, aus der Serie »Deutsche Kolonien«, Zuckerin Chemische Fabrik von Heyden (Süßstoffe), Dresden-Radebeul, um 1900.
Reichskanzler Bismarck hatte sich der Kolonialpolitik gegenüber stets ablehnend geäußert. Nach seiner Auffassung war das Reich territorial saturiert, außerdem fürchtete er außenpolitische Konflikte, vor allem mit England. So hatte er lange gezögert, den privaten Kolonialgesellschaften »Schutzbriefe« auszustellen. Gleichwohl verehrte ihn die Kolonialbewegung als »Begründer des deutschen Kolonialreiches«.

3 4

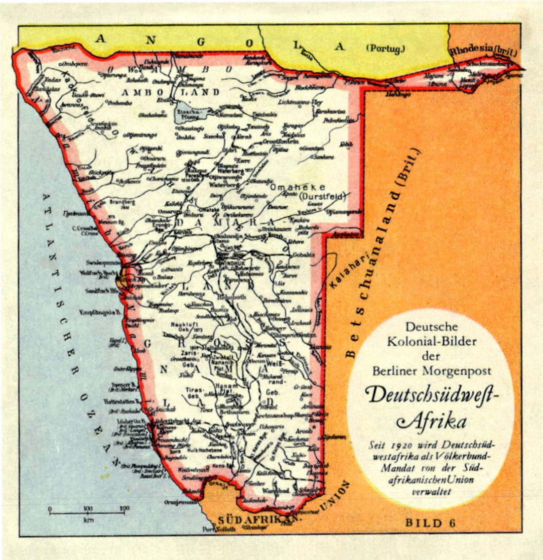

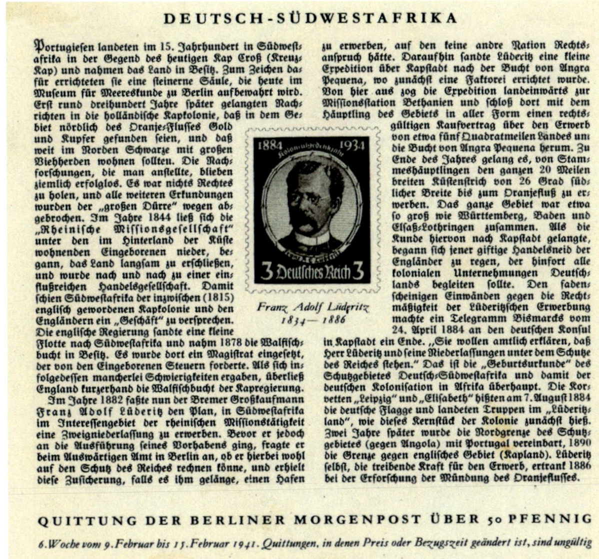

DEUTSCH-SÜDWESTAFRIKA

Portugiesen landeten im 15. Jahrhundert in Südwestafrika in der Gegend des heutigen Kap Croß (Kreuz-Kap) und nahmen das Land in Besitz. Zum Zeichen dafür errichteten sie eine steinerne Säule, die heute im Museum für Meereskunde zu Berlin aufbewahrt wird. Erst rund dreihundert Jahre später gelangten Nachrichten in die holländische Kapkolonie, daß in dem Gebiet nördlich des Oranje-Flusses Gold und Kupfer gefunden seien, und daß weit im Norden Schwarze mit großen Viehherden wohnen sollten. Die Nachforschungen, die man anstellte, blieben ziemlich erfolglos. Es war nichts Rechtes zu holen, und alle weiteren Erkundungen wurden der „großen Dürre" wegen abgebrochen. Im Jahre 1844 ließ sich die „Rheinische Missionsgesellschaft" unter den im Hinterland der Küste wohnenden Eingeborenen nieder, begann, das Land langsam zu erschließen, und wurde nach und nach zu einer einflußreichen Handelsgesellschaft. Damit schien Südwestafrika der inzwischen (1815) englisch gewordenen Kapkolonie und den Engländern ein „Geschäft" zu versprechen. Die englische Regierung sandte eine kleine Flotte nach Südwestafrika und nahm 1878 die Walfischbucht in Besitz. Es wurde dort ein Magistrat eingesetzt, der von den Eingeborenen Steuern forderte. Als sich infolgedessen mancherlei Schwierigkeiten ergaben, überließ England kurzerhand die Walfischbucht der Kapregierung.

Im Jahre 1882 faßte nun der Bremer Großkaufmann Franz Adolf Lüderitz den Plan, in Südwestafrika im Interessengebiet der rheinischen Missionstätigkeit eine Zweigniederlassung zu erwerben. Bevor er jedoch an die Ausführung seines Vorhabens ging, fragte er beim Auswärtigen Amt in Berlin an, ob er hierbei wohl auf den Schutz des Reiches rechnen könne, und erhielt diese Zusicherung, falls es ihm gelänge, einen Hafen zu erwerben, auf den keine andre Nation Rechtsanspruch hätte. Daraufhin sandte Lüderitz eine kleine Expedition über Kapstadt nach der Bucht von Angra Pequena, wo zunächst eine Faktorei errichtet wurde. Von hier aus zog die Expedition landeinwärts zur Missionsstation Bethanien und schloß dort mit dem Häuptling des Gebiets in aller Form einen rechtsgültigen Kaufvertrag über den Erwerb von etwa fünf Quadratmeilen Landes um die Bucht von Angra Pequena herum. Zu Ende des Jahres gelang es, von Stammeshäuptlingen den ganzen 20 Meilen breiten Küstenstrich von 26 Grad südlicher Breite bis zum Oranjefluß zu erwerben. Das ganze Gebiet war etwa so groß wie Württemberg, Baden und Elsaß-Lothringen zusammen. Als die Kunde hiervon nach Kapstadt gelangte, begann sich jener giftige Handelsneid der Engländer zu regen, der hinfort alle kolonialen Unternehmungen Deutschlands begleiten sollte. Den fadenscheinigen Einwänden gegen die Rechtmäßigkeit der Lüderitzschen Erwerbung machte ein Telegramm Bismarcks vom 24. April 1884 an den deutschen Konsul in Kapstadt ein Ende. „Sie wollen amtlich erklären, daß Herr Lüderitz und seine Niederlassungen unter dem Schutze des Reiches stehen." Das ist die „Geburtsurkunde" des Schutzgebietes Deutsch-Südwestafrika und damit der deutschen Kolonisation in Afrika überhaupt. Die Korvetten „Leipzig" und „Elisabeth" hißten am 7. August 1884 die deutsche Flagge und landeten Truppen im „Lüderitzland", wie dieses Kernstück der Kolonie zunächst hieß. Zwei Jahre später wurde die Nordgrenze des Schutzgebietes (gegen Angola) mit Portugal vereinbart, 1890 die Grenze gegen englisches Gebiet (Kapland). Lüderitz selbst, die treibende Kraft für den Erwerb, ertrank 1886 bei der Erforschung der Mündung des Oranjeflusses.

1884 1934 3 Deutsches Reich 3

Franz Adolf Lüderitz 1834–1886

QUITTUNG DER BERLINER MORGENPOST ÜBER 50 PFENNIG

6. Woche vom 9. Februar bis 15. Februar 1941. Quittungen, in denen Preis oder Bezugszeit geändert ist, sind ungültig

5

3./4. »Deutschsüdwest-Afrika. Franz Adolf Lüderitz 1834–1886« (Vorder- und Rückseite), Deutsche Kolonial-Bilder der Berliner Morgenpost, 1941.
Der »Landerwerb« von Lüderitz in Südwestafrika führte 1884 zur Erteilung eines »Schutzbriefes« durch das Deutsche Reich.

5. »Unsere Kolonien«, Erdal, Marke Rotfrosch, Waxa Bohnerwachs, 1934.
Das Bild zeigt den Bremer Kaufmann Adolf Lüderitz und die nach ihm benannte Lüderitz-Bucht, die zuvor unter dem Namen Angra Pequena bekannt war.

6. Deutsche Kolonial-Bilder der Berliner Morgenpost, 1941. Die Kolonie Togo mit dem Afrikaforscher Gustav Nachtigal.
Der deutsche Afrikaforscher Gustav Nachtigal (1834–1885) war ab 1861 Arzt in Algerien; er bereiste Fessan, Tibesti, den Tschad-See, Bagirmi, Wadai und Darfur. Ab 1882 war er deutscher Generalkonsul in Tunis. 1884 hisste Nachtigal im Auftrag von Reichskanzler Bismarck in Togo und Kamerun die deutsche Flagge.

7. »Unsere Kolonien«, Erdal, Marke Rotfrosch, Waxa Bohnerwachs, 1934.
Text auf der Rückseite: »Togo, Lome. (…) Togo ist als deutsche Musterkolonie bekannt. (…) Das Gebiet von Togo wurde 1884 von Dr. Nachtigal durch Verträge mit den Eingeborenen gewonnen.« In den Bildtexten wird Togo wiederholt als »Musterkolonie« bezeichnet, auch weil es als einziges deutsches »Schutzgebiet« wirtschaftlich rentabel war.

6

7

8

9

10
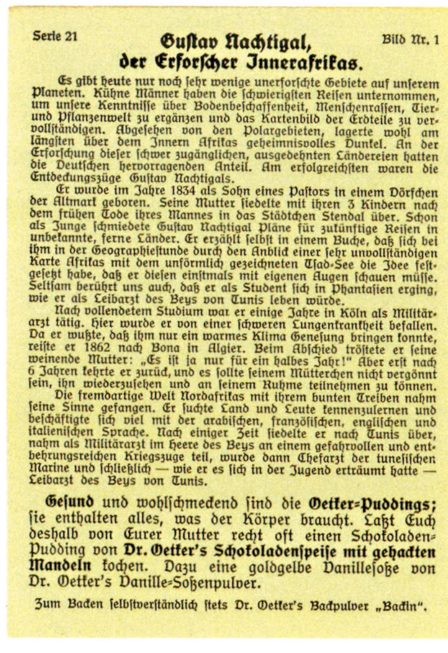

Serie 21 | **Gustav Nachtigal, der Erforscher Innerafrikas.** | Bild Nr. 1

Es gibt heute nur noch sehr wenige unerforschte Gebiete auf unserem Planeten. Kühne Männer haben die schwierigsten Reisen unternommen, um unsere Kenntnisse über Bodenbeschaffenheit, Menschenrassen, Tier- und Pflanzenwelt zu ergänzen und das Kartenbild der Erdteile zu vervollständigen. Abgesehen von den Polargebieten, lagerte wohl am längsten über dem Innern Afrikas geheimnisvolles Dunkel. An der Erforschung dieser schwer zugänglichen, ausgedehnten Ländereien hatten die Deutschen hervorragenden Anteil. Am erfolgreichsten waren die Entdeckungszüge Gustav Nachtigals.

Er wurde im Jahre 1834 als Sohn eines Pastors in einem Dörfchen der Altmark geboren. Seine Mutter siedelte mit ihren 3 Kindern nach dem frühen Tode ihres Mannes in das Städtchen Stendal über. Schon als Junge schmiedete Gustav Nachtigal Pläne für zukünftige Reisen in unbekannte, ferne Länder. Er erzählt selbst in einem Buche, daß sich bei ihm in der Geographiestunde durch den Anblick einer sehr unvollständigen Karte Afrikas mit dem unförmlich gezeichneten Tsad-See die Idee festgesetzt habe, daß er diesen einstmals mit eigenen Augen schauen müsse. Seltsam berührt uns auch, daß er als Student sich in Phantasien erging, wie er als Leibarzt des Beys von Tunis leben würde.

Nach vollendetem Studium war er einige Jahre in Köln als Militärarzt tätig. Hier wurde er von einer schweren Lungenkrankheit befallen. Da er wußte, daß ihm nur ein warmes Klima Genesung bringen konnte, reiste er 1862 nach Bona in Algier. Beim Abschied tröstete er seine weinende Mutter: „Es ist ja nur für ein halbes Jahr!" Aber erst nach 6 Jahren kehrte er zurück, und es sollte seinem Mütterchen nicht vergönnt sein, ihn wiederzusehen und an seinem Ruhme teilnehmen zu können.

Die fremdartige Welt Nordafrikas mit ihrem bunten Treiben nahm seine Sinne gefangen. Er suchte Land und Leute kennenzulernen und beschäftigte sich viel mit der arabischen, französischen, englischen und italienischen Sprache. Nach einiger Zeit siedelte er nach Tunis über, nahm als Militärarzt im Heere des Beys an einem gefahrvollen und entbehrungsreichen Kriegszuge teil, wurde dann Chefarzt der tunesischen Marine und schließlich — wie er es sich in der Jugend erträumt hatte — Leibarzt des Beys von Tunis.

Gesund und wohlschmeckend sind die **Oetker-Puddings;** sie enthalten alles, was der Körper braucht. Laßt Euch deshalb von Eurer Mutter recht oft einen Schokoladen-Pudding von **Dr. Oetker's Schokoladenspeise mit gehackten Mandeln** kochen. Dazu eine goldgelbe Vanillesoße von Dr. Oetker's Vanille-Soßenpulver.

Zum Backen selbstverständlich stets Dr. Oetker's Backpulver „Backin".

8. »Gustav Nachtigal verhandelt mit Kameruner Häuptlingen über Landerwerb (1884)«, aus der Serie »Die Eroberung des Erdballs«, Palmsana- und Kaisersana-Pflanzenmargarine, Westdeutsche Nahrungsmittel-Werke, Duisburg, 1934.
Auch hier wird die Legende reproduziert, als hätten die Deutschen die Kolonien auf friedlichem Wege (Verhandlungen) »erworben«. Diese Argumentation sollte – auch und gerade 1934 – suggerieren, die Afrikaner hätten in ihre Beherrschung eingewilligt, ja diese geradezu gewollt.

9./10. »Gustav Nachtigal der Erforscher Innerafrikas« (Vorder- und Rückseite), Dr. Oetker, vor 1914.

11

11. »Unsere Kolonien«, Erdal, Marke Rotfrosch, Waxa Bohnerwachs, 1934.
Text auf der Rückseite: »Deutsch-Ostafrika. Der Kibo im Kilimandscharo (…). Im Kreis Dr. Karl Peters, der 1884 diese Kolonie für Deutschland erwarb.«
Carl (Karl) Peters (1856–1918), Kolonialpolitiker und Publizist, gilt als »Begründer« von Deutsch-Ostafrika. Peters war einer der führenden Kolonialpropagandisten und Mitbegründer der Deutsch-Ostafrikanischen Gesellschaft, die bis 1889/90 das ostafrikanische »Schutzgebiet« verwaltete. Nachdem er dort willkürlich zwei Afrikaner hatte hinrichten lassen – was ihm den Spitznamen »Hänge-Peters« einbrachte –, kam es im Deutschen Reichstag zu erregten Diskussionen um seine Person, in deren Folge er unehrenhaft aus dem Kolonialdienst entlassen wurde.
Carl Peters, der stets nationalistische Positionen, einen rigiden Herrenstandpunkt und einen rassistischen Sozialdarwinismus vertrat, galt vielen schon vor dem Ersten Weltkrieg als Schreckbild des brutalen Imperialisten. Unter dem Nationalsozialismus wurde er rehabilitiert und in dem nach ihm benannten Propagandafilm (mit Hans Albers in der Hauptrolle), der im März 1941 in den deutschen Kinos stratete, wieder als Kolonialheld gefeiert.
Um die heute noch im öffentlichen Raum erhaltenen Denkmäler für Carl Peters hat es in den vergangenen Jahren heftige Diskussionen gegeben. Daraufhin wurden die Peters-Denkmäler in Hannover und Neuhaus an der Elbe mit kommentierenden Tafeln versehen, die kritisch zu dessen Person Stellung nehmen. Das Peters-Denkmal auf Helgoland wurde 1989 entfernt und steht seit 1997 im Helgoländer Nordsee-Museum. Schließlich strich 1993 die Stadt Hannover im Zuge von Sparmaßnahmen die Mittel für einige der 60 Ehrengrabpflegschaften, darunter auch die für das Grabdenkmal von Carl Peters auf dem Engesohder Friedhof.
Der auf dem Bild zu sehende Kilimandscharo wurde von der deutschen Kolonialbewegung als »schönstes Denkmal deutschen Besitzes« in Übersee verklärt. Eine im deutschen Kaiserreich häufig im Erdkundeunterricht gestellte Frage lautete: »Wie heißt der höchste deutsche Berg?« Darauf musste in den Jahren nach 1885 geantwortet werden: »Der Kilimandscharo in der Kolonie Deutsch-Ostafrika.« Die Schüler sollten außerdem wissen, dass der von den Afrikanern Kibo genannte höchste Gipfel des Vulkankraters des Kilimandscharo »Kaiser-Wilhelm-Spitze« hieß, eine Namensgebung, die erst mit der Unabhängigkeit Tansanias im Jahr 1961 geändert wurde; seitdem heißt der Gipfel »Uhuru«, das Kisuaheli-Wort für »Freiheit«.

12

13

14

12. »Deutsch-Ost-Afrika. Boma in Bagamoyo, Hafen v. Dar-es-Salam – Maj. v. Wissmann, Gen.Maj. Liebert«, Deutsches Kolonialhaus Berlin (Kolonialwaren), um 1900.
Das Bild zeigt zwei Statthalter des deutschen Kaiserreiches in Deutsch-Ostafrika: Hermann von Wissmann (Reichskommissar von 1889 bis 1891 – siehe auch Seite 54 und 59) und Eduard von Liebert (Gouverneur von 1896 bis 1901).

13. »Major von Wissmann, Bagamoyo Karawanserei«, Deutsches Kolonialhaus Berlin (Kolonialwaren), um 1900.
Bevor Daressalam Hauptstadt von Deutsch-Ostafrika wurde, hatte Bagamoyo diese Funktion inne. Es war zu dieser Zeit einer der wichtigsten Handelshäfen an der ostafrikanischen Küste. von dem bedeutende Handelsrouten ins Innere des Kontinents führten. Sklaven und Elfenbein wurden hier auf Schiffe verladen und vor allem nach Sansibar verschifft. Aus dem Sklavenhandel rührt auch der Name der Stadt her. Bagamoyo (»Bwaga-Moyo«) bedeutet im Suaheli »Leg dein Herz nieder«, denn die verschleppten Sklaven sahen ihre Heimat niemals wieder. Vor wenigen Jahren ist vorgeschlagen worden, Bagamoyo als Teil eines neuen Weltkulturerbes »Ostafrikanische Sklavenroute« aufzunehmen.

14. »Buschiri's Ende«, aus der Serie »Wissmann in Afrika«, Lahusen's Jod-Eisen-Leberthran, um 1910.
Buschiri bin Salim war einer der Anführer des Aufstandes der Küstenbevölkerung (des sogenannten Araberaufstands) gegen die Deutsch-Ostafrikanische Gesellschaft im Jahre 1888. Buschiri, den die deutsche Kolonialpropaganda als »Sklavenhändler« bezeichnete, wurde von einem deutschen Kriegsgericht zum Tode verurteilt und 1889 öffentlich gehängt. Wissmann dagegen galt seit der Niederschlagung des »Araberaufstandes« als Kämpfer für die Sklavenbefreiung, was historisch unzutreffend ist.

15. »Kamerun (West-Afrika). Gouvernements-Gebäude, v. Puttkamer«, Deutsches Kolonialhaus Berlin (Kolonialwaren), um 1900.
Jesco von Puttkamer war zwölf Jahre lang, von 1895 bis 1907, Gouverneur in Kamerun (siehe auch Seite 94).

16. »Viceadmiral von Diederichs, Blick in die Bucht Kiautschou«, aus der Serie »Die Deutschen in Kiautschou«, Aecht Pfeiffer & Diller's Kaffee-Essenz, um 1900.
Für Admiral Otto von Diederichs (1843–1918) wurde vor 1914 ein Denkmal in Tsingtau errichtet. Darauf stand in Deutsch und Chinesisch unter anderem: »Am 14. November 1897 ergriff an dieser Stelle der Admiral v. Diederichs Besitz vom Kiautschou-Gebiet.«

17. »Landeshauptmann Dr. Irmer, Marschall-Insel Jaluit«, Deutsches Kolonialhaus Berlin (Kolonialwaren), um 1900.
Georg Irmer war von 1893 bis 1898 Landeshauptmann der Marschall-Inseln, die zu dem deutschen Kolonialgebiet in der Südsee zählten.

18. »Graf Waldersee. Hauptthor des Artillerielagers, Inneres Thor der Stadt Kiautschou«, aus der Serie »Deutsche Kolonien«, Zuckerin Chemische Fabrik von Heyden (Süßstoffe), Dresden-Radebeul, um 1900.
Alfred Graf Waldersee führte 1900/01 den Oberbefehl über die internationalen Interventionstruppen, die den Boxeraufstand in China niederschlagen sollten (siehe auch Seite 133).

19. »Spitzkopje, Otjimbingue«, aus der Serie »Deutsche Kolonien«, Zuckerin Chemische Fabrik von Heyden (Süßstoffe), Dresden-Radebeul, um 1900.
Auch der einfache, namenlose »Schutztruppler« – hier vor südwestafrikanischer Kulisse – wurde durch seine häufige Visualisierung zu einer Ikone des deutschen Kolonialismus.

15

16

17

Serie: Deutsche Kolonien. 6 Dessins.
No 3.
GRAF WALDERSEE
Hauptthor des Artillerielagers
in TSINGTAU
Inneres Thor der Stadt Kiautschou.

18

Serie: Deutsche Kolonien. 6 Dessins
Spitzkopje.
Otjimbingue.
No 5.

19

20

20. »Führer und Helden II«, Seite aus dem Album »Bilder aus den Deutschen Kolonien«, Bd. II, Onno Behrends Tee-Import, Norden, 1934.

Auf dieser Seite des Albums werden drei Deutsche in den Rang von »(Kolonial-)Helden« erhoben: Der Große Kurfürst, Paul von Lettow-Vorbeck und Lothar von Trotha. Letzterer taucht allerdings nur ganz selten in der populären Massenkultur wie allgemein in der kolonialen Erinnerungskultur auf. Schon Kaiser Wilhelm II. hatte es abgelehnt, Trotha persönlich den Orden »Pour le Mérite« zu überreichen, da mit dem Krieg gegen die Herero und Nama in Deutsch-Südwestafrika (1904–1908) »keine Ehre« verbunden gewesen sei.

Heute wird General Lothar von Trotha (1848–1920) als der Hauptverantwortliche für den Völkermord an den Herero und Nama angesehen. Durch seine erbarmungslose Kriegsführung wurde er zum Inbegriff des Kolonialschlächters in Schutztruppenuniform. Lothar von Trotha vertrat die Ansicht, »daß Afrikaner nur der Gewalt weichen. Diese Gewalt mit krassem Terrorismus und selbst mit Grausamkeit auszuüben war und ist meine Politik. Ich vernichte die aufständischen Stämme mit Strömen von Blut und Strömen von Geld.«

Dass auch König Mataafa von Samoa, Sultan Kahigi von Deutsch-Ostafrika und König Njoja von Kamerun hier Aufnahme gefunden haben, verdanken sie allein der ihnen zugeschriebenen »treuen Gefolgschaft« gegenüber ihren deutschen Kolonialherren. Ob sich das Schicksal des Kahigi von Kianja (nicht Uheia, wie in der Bildunterschrift zu lesen ist) so zugetragen hat, wie in dem Text dargestellt, ist zweifelhaft. Ob er tatsächlich im Ersten Weltkrieg aus »Treue zu den Deutschen« Selbstmord begangen hat, kann bis heute nicht genau belegt werden. Es wird darüber spekuliert, dass die Briten einen Auftrag gegeben hätten, Kahigi zu ermorden; möglich ist aber ebenso, dass ein Konkurrent die Gunst der Stunde nutzte, sich eines Widersachers zu entledigen.

21

22

23

21. »Nachtigal-Denkmal (Kamerun)«, Myrrholin-Welt-Panorama, Myrrholin-Gesellschaft Frankfurt (Seife), um 1906. Das 1886, ein Jahr nach seinem Tod, auf der Jossplatte in Duala errichtete Denkmal für Gustav Nachtigal ist bis heute erhalten; 1987 war zwischenzeitlich der Obelisk umgestürzt. Die Inschrift des Denkmals lautet: »Dem Andenken des kaiserlich deutschen Generalkonsuls Dr. Gustav Nachtigal gewidmet von den deutschen Kaufleuten in Westafrika 1886«.

22. Aecht Franck Kaffeezusatz, um 1912. Das Bild zeigt das 1909 errichtete Wissmann-Denkmal in Daressalam. Auf der Rückseite heißt es: »Hermann von Wissmann war einer der bedeutendsten Vorkämpfer der deutschen Kolonialbestrebungen (…).« Das Denkmal wurde im Ersten Weltkrieg von den Engländern demontiert. Es stand ab 1922 vor der Universität in Hamburg, wo es in den 20er und 30er Jahren als einer der wichtigsten Orte im Deutschen Reich fungierte, an dem die deutsche Kolonialbewegung zusammenkam, um neokoloniale Propaganda zu betreiben. Im Zweiten Weltkrieg während der Bombardierung Hamburgs teilweise zerstört, wurde es nach dem Krieg wieder aufgebaut. 1968 schließlich haben Studenten das Monument bei einer »antiimperialistischen Aktion« gestürzt.

23. »Wissmanndenkmal in Bagamoyo«, Kupferberg Gold, Chr. Adt. Kupferberg & Co., Sektkellerei Mainz a. Rh., um 1930. Text auf Rückseite: »(…) Denkmal für die in Deutsch-Ostafrika gefallenen Mitglieder der Wißmanntruppe. Bagamoyo (am Ufer des indischen Ozeans gegenüber Sansibar) verdankt sein rasches Aufblühen seiner günstigen Lage. Endpunkt großer Karawanenstraßen aus dem Innern. Am 8. Mai 1889 erfocht Major Wißmann mit der eben neugebildeten Kaiserl. Schutztruppe hier den ersten Sieg.« Das 1894 aufgestellte Denkmal ist nicht mehr erhalten.

Aufzug eines Häuptlings.

Zwischen den Extremen – Das Bild vom »schwarzen Mann«

Bereits im Jahr 1875 notierte der Afrikaforscher Gottlob Adolf Krause: »Es gibt zwei Arten von Negern. Solche, die in Lehrbüchern und Köpfen von Europäern, und solche, die in Afrika vorkommen. Beiden gemeinsam ist wenig mehr als der Name.« Sieht man von dem heute rassistisch konnotierten Begriff »Neger« ab, bringt Krause ein grundlegendes Problem auf den Punkt. Afrikaner wurden nicht wahrgenommen, wie sie sind und was sie sind, sondern als Stereotyp konstruiert. Es existierten lediglich Zerrbilder von ihnen. Eine wirkliche Begegnung mit Afrika und Menschen afrikanischer Herkunft hat es lange Zeit nicht gegeben, sie waren – und sind es zum Teil bis heute – lediglich als Projektionsfläche europäisch-westlicher Phantasien präsent.

Zwar hat es uneingeschränkt positive Bilder vom Schwarzen gegeben – zum Beispiel den oft gemalten Melchior, einen der Heiligen Drei Könige aus dem Morgenland, oder den Heiligen Mauritius, dessen eindrückliches Standbild seit Jahrhunderten den Altarraum des Magdeburger Doms ziert –, doch schwanken die Repräsentationen des »Anderen« überwiegend zwischen positiven und negativen Stereotypen, wobei Letztere klar überwiegen. Da sind – was zunächst die positiven Stereotypen betrifft – die respektierten Exoten wie jene »Hofmohren«, die sich der Adel an seinen Höfen als Statussymbole hielt; da taucht das idealisierte Bild des »edlen Wilden« auf (allerdings meist verkörpert in der Figur des Indianers); da ist der Askari als treuer Gefolgsmann seines weißen Herren; und da sind im 20. Jahrhundert die großen schwarzen Sportler, Musiker und Tänzer, die nicht nur der (weißen) Jugend als Vor- und Leitbilder dienten – *die* haben das »im Blut«, heißt es gelegentlich noch immer.

Vor allem aber schuf die abendländische Kulturgeschichte das Bild des als Untermenschen verachteten Afrikaners. Das zunächst dominierende kulturell interpretierte, gleichwohl rassistische Bild vom »Neger« als erziehungsbedürftigem Kind bzw. Naturmensch wurde später von biologistisch begründeten Stereotypen abgelöst. Die Rassenkunde festigte das Bild des »Primitiven«, im kolonialen Sprachgebrauch »Eingeborener« genannt. Die Schwarzen figurierten in der Vorstellungswelt der europäischen Kultur als tumbe Toren, die angeblich der Hilfe der Weißen bedürften. Die Menschheit wurde in »Naturvölker« und »Kulturvölker« aufgeteilt; der »Zivilisationsmensch« maßte sich an, auf den »kulturlosen Wilden« herabzuschauen. Spätestens als die Afrikaner begannen, sich gegen die Fremdherrschaft aufzulehnen, machte das Schreckbild von der »schwarzen Bestie« die Runde.

Die Werbeindustrie schuf bei ihrer visuellen Ausbeutung Afrikas gefälligere Images. Neben Palmen und wilden Tieren, gehörte der Schwarze – als *die* Ikone des Fremden – zu den beliebtesten Versatzstücken des Exotischen, die in der Werbebranche zum Einsatz kamen. Der Schwarze diente meist als Beleg für die exotische Herkunft der Waren – so bei den klassischen Kolonialerzeugnissen wie Kaffee oder Kakao –, symbolisiert aber auch, zum Beispiel bei den Sammelbildern von »Liebigs Fleischextract«, die internationale Vermarktung des Produkts.

Von allen diesen Stereotypen spiegelt sich etwas in der Ikonographie der Sammelbilder wider, wenn in ihnen auch ein abgeschwächter Rassismus zum Ausdruck kommt. Regelrecht hetzerische Darstellungen bleiben in dieser exotisierenden Gartenlaubenwelt die Ausnahme.

1

1. »Menschenfresser! lebend«, Seeligs Kaffeesurrogate, nach 1900.
Bei diesem Sammelbild handelt es sich um eine vergleichsweise aggressiv-rassistische Darstellung von Afrikanern, wie sie sonst eher in Buchillustrationen oder auf Postkarten üblich war.
Ehe man in Europa in der zweiten Hälfte des 19. Jahrhunderts damit begann, sogenannte Völkerschauen zu organisieren, ja sogar regelrechte Menschenzoos einzurichten, wurden dem sensationslüsternen Publikum »exotische« Menschen bereits auf Jahrmärkten präsentiert. Mit Exotik, besonders aber mit der Maskerade der »Menschenfresserei« ließ sich Kasse machen. Obgleich man zu der damaligen Zeit so gut wie nichts über diesen stark ritualisierten – im Übrigen im subsaharischen Afrika nur ganz selten anzutreffenden – Brauch wusste, beteiligten sich auch die Printmedien daran, das Stereotyp vom »menschenfressenden Wilden« zu verbreiten. Zuvor waren in den deutschen Staaten Menschen afrikanischer Herkunft eher als »Hofmohren« in Erscheinung getreten, die sich die Feudalaristokratie als persönliche Lakaien hielt, aber auch als Trompeter und Pauker beim Militär.

2. »Die Erde und ihre Völker. Afrika«, Liebig Company's Fleisch-Extract u. -Pepton, vor 1914.

3. »Menschenrassen. Neger«, Holsteinsche Pflanzenbutterfabriken, Wagner & CO., Elmshorn, 1928.
Auf der Rückseite dieses Bildes heißt es im Stil einer rassistischen Vulgärethnologie: »Menschenrassen. Neger. Die Ureinwohner Afrikas heißen Äthiopier oder Neger. Die Hautfarbe wechselt bei einzelnen Stämmen von tiefstem Schwarz bis zum Gelbbraun und Braun-Grau. Das krause, zumeist wollartige Haar wird sehr gepflegt, der Bartwuchs ist gering. Die dicken, wulstigen Lippen, die großen Zähne und die breite, flache Nase weisen darauf hin, daß wir es mit auf sehr niedriger Kulturstufe stehenden Menschen zu tun haben. Man nennt sie kurzweg Wilde, und unser Bild zeigt uns solche Naturkinder vor ihrer Hütte, dem Kral. Die Neger treiben Ackerbau und Viehzucht, auch Jagd. Als Arbeiter leisten sie wenig und müssen zur Arbeit angehalten werden. Man unterscheidet die echten Neger Mittelafrikas, die Hottentotten oder Buschmänner im Süden des Erdteils und die Melanesier, die Bewohner Neuguineas und vieler Inseln des Stillen Ozeans, welche man auch mit dem Namen Papuaneger bezeichnet.«
Der Bildtext benennt paradigmatisch die Extreme rassistischer Klischees, auf der einen Seite den »Wilden«, der mit Gewalt oder Erziehung gezähmt werden muss, auf der anderen Seite das »Naturkind« (auch der »edle Wilde«), in seiner Natürlichkeit Idealbild und Mündel des »Zivilisierten« zugleich.

2

LIEBIG COMPANY'S FLEISCH-EXTRACT u. PEPTON.
11.
12.
Gesetzl. geschützt.
Siehe Rückseite.
Die ERDE und ihre VÖLKER.
AFRIKA.
1. 2. 3. 4. 5. 6. 7. 8. 9. 10.

3

4

4. bis 7. Der Sozialdarwinismus, jene im 19. Jahrhundert entstandene (Pseudo-) Wissenschaft des 19. Jahrhunderts, die die Evolutionstheorie aus der Biologie auf gesellschaftliche und politische Phänomene übertrug, postulierte eine Hierarchie der menschlichen »Rassen« mit dem »weißen Mann« an der Spitze. Da der auf diesem Weltbild fußende Rassismus vor allem auch eine visuelle Ideologie war, spiegelt sich dies in den Bildmedien der damaligen Zeit wider.

4. »Afrika ›Völkertypen‹«, Tell-Cacao, Hartwig & Vogel, Dresden, nach 1900.

5. »Ewe und Kratschin«, Deutsche Kolonial-Bilder der Berliner Morgenpost, 1941. Die Bildunterschrift beeilt sich, einem allzu positiven Bild des Afrikaners entgegenzuwirken.

6. »Negerrasse«, Aecht Pfeiffer & Diller's Kaffee-Essenz, um 1900.

7. »Aetiopische Rasse«, Aecht Pfeiffer & Diller's Kaffee-Essenz, um 1900.

5

Negerrasse.
Pfeiffer & Diller
Kaffee-Essenz
Weltausstellung
PFEIFFER & DILLER
WORMS
Aecht Pfeiffer & Diller's Kaffee-Essenz.

6

Aetiopische Rasse.
Pfeiffer & Diller
Kaffee-Essenz
Weltausstellung
PFEIFFER & DILLER
WORMS
Aecht Pfeiffer & Diller's Kaffee-Essenz.

7

PALMIN
KUNSTDRUCKEREI KÜNSTLERBUND KARLSRUHE G.M.B.H.

PALMIN
KUNSTDRUCKEREI KÜNSTLERBUND KARLSRUHE G.M.B.H.

8 9

PALMIN
KUNSTDRUCKEREI KÜNSTLERBUND KARLSRUHE G.M.B.H.

E.V.
PALMIN
KUNSTDRUCKEREI KÜNSTLERBUND KARLSRUHE G.M.B.H.

10 11

12

8. bis 11. »Eingeborene aus unseren Kolonien«, Palmin, Pflanzenfett, H. Schlinck & Cie. Hamburg, um 1920.
8. »Ostafrika, Wambugufrau«.
9. »Kamerun, Häuptling Guafo von Bandeng«.
10. »Kamerun, Häuptling Njoja von Bamum«.
11. »Togo, Häuptling von Atakpame«.

8. bis 11. Diese Porträtbilder präsentieren den Afrikaner nur in vermeintlich sachlicher Weise. Die Dargestellten erscheinen das eine Mal eher exotisch, das andere Mal traditionsverhaftet, furchteinflößend oder grotesk.

12. »Aus Ostafrika. In einem arabischen Hause«, Liebig Company's Fleisch-Extract, um 1907.

13. »Völker in Deutsch-Ostafrika, Suaheli«, Deutsche Kolonial-Bilder der Berliner Morgenpost, 1941.

13

12./13. Diese Bilder reflektieren die arabische Kultur an der Küste Ostafrikas. Die dort politisch und im Handel tonangebenden Gesellschaften wurden von den Europäern als »Araber« bezeichnet. Ethnisch gesehen vielfältig zusammengesetzt, war ihnen der Islam gemeinsame Religion. Die Verkehrssprache an der Küste war Suaheli.

Die Vielfältigkeit spiegelt sich folkloristisch auch in dem Text auf der Rückseite des Bildes 13 wider. Dort heißt es: »Suahelis, Araber und Inder in ihren malerischen Trachten geben vielen ostafrikanischen Siedlungen einen ungeheuer bunten Anblick.«

14

15

14./15. »Afrika. Jürgen Hansen erlebt den schwarzen Erdteil«, Sanella-Bilder, Margarine-Union AG, Hamburg 1952.
Auch nach 1945 bedienten die Sammelalben die bekannten Stereotype. So heißt es im Begleittext zu den »Hottentotten« (Bild 14): »Es sind keine Neger, sondern kleine schmutzig-gelbe Kerle, mit platter Nase und dichtverfilztem Haar.« Und trotz der tendenziell heroisierenden, an den sozialistischen Realismus erinnernden Darstellung des Minenarbeiters (Bild 15) reproduziert der Bildtext die Vorstellung vom schwarzen »Muskelarbeiter«: »Das ist Bongo. (…) Er ist der Typ des kräftigen, muskulösen, aber auch geschickten Afrikaners. Überall, wo kraftvolle Arbeiter gebraucht werden (…) könnt ihr ihn finden.«

16. bis 19. »Ästhetik der Naturvölker«, Liebig (Fleisch-Extract), 1934.
16. »Tätowierung«.
17. »Entstellung des Schädels«.
18. »Verlängerung des Halses«.
19. »Verzierung der Nase«.

16. bis 19. Die Texte auf den Rückseiten der Bilder sind im rassistisch abfälligen Ton formuliert und bar jedes ethnologischen Gespürs. So wird der Schmuck als »Geschmacksverirrung«, »Verstümmelung« und »abstoßend« bezeichnet.

16 17

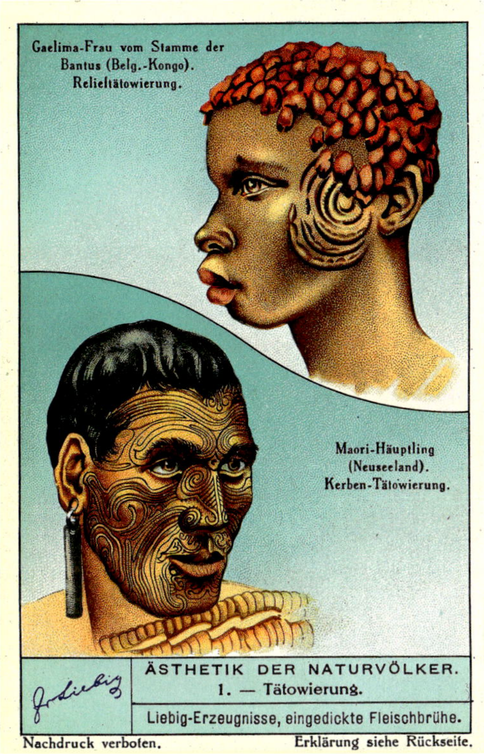

Gaelima-Frau vom Stamme der Bantus (Belg.-Kongo). Relieftätowierung.
Maori-Häuptling (Neuseeland). Kerben-Tätowierung.
ÄSTHETIK DER NATURVÖLKER.
1. — Tätowierung.
Liebig-Erzeugnisse, eingedickte Fleischbrühe.
Nachdruck verboten.
Erklärung siehe Rückseite.

Mangbetu-Frau (Zentral-Afrika).
Tochter eines Mangbetu-Häuptlings (Zentral-Afrika).
ÄSTHETIK DER NATURVÖLKER.
2. — Entstellung des Schädels.
Echter Liebig Fleisch-Extrakt.
Nachdruck verboten.
Erklärung siehe Rückseite.

18 19

Bwaka-Frau aus Ubangi (Belg.-Kongo).
Padaiing-Frau aus Burma (Engl.-Indien).
ÄSTHETIK DER NATURVÖLKER.
3. — Verlängerung des Halses.
Liebig-Erzeugnisse vereinfachen die Küchenarbeit.
Nachdruck verboten.
Erklärung siehe Rückseite.

Junge Papua-Witwe (Holl.-Neuguinea).
Papua-Indianer (Holl.-Neuguinea).
ÄSTHETIK DER NATURVÖLKER.
4. — Verzierung der Nase.
Liebig flüssig, eingedickte, natürliche Fleischbrühe.
Nachdruck verboten.
Erklärung siehe Rückseite.

20. Helmstedter Beste, Sahnemargarine, um 1935.
Das Stereotyp des Afrikaners: Er sieht wild aus und tanzt wild. Afrikaner wurden immer wieder als »Wilde« dargestellt. Was Europäer ihnen im Zuge der Kolonisation antaten – ob Gewalt oder »Zivilisierung« –, sollte durch derartige negative Stereotype legitimiert werden.

20

21. bis 25. Tanzende »Eingeborene« sind ein in den verschiedensten Bildserien wiederkehrendes Motiv.

21. »Tanz in Duala«, Gartmann's Chocolade, um 1915.

22. »Tanzende Ngoma-Neger«, Gartmann's Chocolade, um 1915.

23. »Togo, Festtag im Dorf«, aus der Serie »Aus Deutschlands Kolonien«, Aecht Trampler Kaffee, Lahr in Baden, um 1905.

24. »Unsere Kolonien«, Kaiser's Wochenkalender 1938. Südseeinsulaner.

25. »Siwatanz der Missionsmädchen auf Samoa«, Franck Kaffee, um 1900.

21 22

Serie 329. Bild 6
Gartmann's Chocolade.

Gartmann's Chocolade.
Tanzende Ngoma-Neger

23 24

Togo (Festtag im Dorf).
Aus Deutschlands Kolonien.
SERIE 481. NO. 5.

Juni
6 Montag
Pfingstmontag
7 Dienstag
8 Mittwoch
9 Donnerstag
10 Freitag
11 Sonnabend
12 Sonntag
Alljährlich feiern die Südseeinsulaner nach alter Sitte das Blütenfest. Singen, Tanzen, Erzählen und allerlei Spiele helfen das Fest verschönen.

25

Siwatanz der Missionsmädchen auf Samoa.

INSELN DER NEUGUINEA-GRUPPE.
Friedrich-Wilhelms-Hafen.
Handels-Kanoe. Ost-Neuguinea.
Fliegender Hund.
Papua auf dem
Kriegspfad.
LIEBIG'S FLEISCH-EXTRACT.
Gesetzl. geschützt.
Erklärung siehe Rückseite.

26

27

28

26. »Inseln der Neuguinea-Gruppe, Friedrich-Wilhelms-Hafen, Handels-Kanoe, Ost-Neuguinea, Papua auf dem Kriegspfad«, Liebig's Fleisch-Extract, nach 1900.
Text auf der Rückseite: »Ost-Neuguinea. (…) Als Kennzeichen des waffenfähigen Mannes gilt bei den Papua ein aus Muscheln gefertigter, kreisrunder oder herzförmiger Brustschmuck; nur Häuptlinge tragen die kreisrund gebogenen Eberhauer. Auf dem Kriegspfad wie bei feierlichen Anlässen lieben die Papua grelle Körperbemalung in hellgelb, rot oder blau.«

27. »Im Innern Afrikas«, Gartmann's Chocolade, nach 1900.
28. »Beim Fischfang«, Gartmann Chocolade, um 1915.

27./28. Zwei harmlos erscheinende Bildchen, die nichtsdestotrotz das Klischee von den »primitiven Naturvölkern« reproduzieren: Der Herd steht im Freien und muss mit gesammeltem Holz befeuert werden, zum Fischfang geht es mit den Speeren. Dass die »Eingeborenen« halbnackt sind, versteht sich dann von selbst.

LA VIE DES PEUPLADES CONGOLAISES.
6. - Les travaux ménagers.
OXO, BOUILLON CONCENTRÉ EN FLACONS ET EN CUBES.
Reproduction interdite.
Explication au verso.

29

LA VIE DES PEUPLADES CONGOLAISES.
8. - Danses des guerriers au Ruanda.
VÉRITABLE EXTRAIT DE VIANDE LIEBIG.
Reproduction interdite.
Explication au verso.

30

31

32 33

29. bis 33. »La vie des peuplades Congolaises« (Das Leben der Eingeborenen im Kongo), Liebig/Belgien (Fleisch-Extract), um 1960.
29.«Les travaux ménagers« (Arbeiten im Haushalt).
30. »Danses des guerriers au Ruanda« (Kriegstanz in Ruanda).
31. »Retour de chasse chez les Pygmées« (Pygmäen bei der Rückkehr von der Jagd).
32. »La pêche chez les Wasongole« (Fischfang bei den Wasongolen).
33. »La construction chez les Maugbetus« (Hausbau bei den Mogbetus).

29. bis 33. Die Bildserie ist beispielhaft dafür, wie wenig sich die Darstellungen auf Sammelbildern im Laufe der Jahrzehnte verändert haben. 1960, als der Dekolonisationsprozess schon in vollem Gange war, wurde die Kultur der Afrikaner, hier der Menschen im Kongo, immer noch als ganz der Tradition verhaftet visualisiert.

34

35

34. »Samoa. Aufzug eines Häuptlings«, Liebig's Fleisch-Extract, 1902.
Mit Samoa verbindet sich hier – wie auf fast allen Sammelbildern – die Vorstellung einer glücklichen Kolonie, mit schönen Menschen und prächtigen Zeremonien.

35. »Die Weisen aus dem Morgenland«, Gartmann Schokolade, um 1920.
Bei Melchior, einem der Heiligen Drei Könige, handelt es sich um ein uneingeschränkt positives Bild von Menschen afrikanischer Herkunft.

36. »Hendrik Witboi, letzter und berühmtester Führer des gelben Volkes der Witboi-Hottentotten in Deutsch-Südwestafrika«, aus der Serie »Wert und Schönheit der Deutschen Kolonien«, Echter Andre Hofer Feigenkaffee, 1937. Text auf der Rückseite: »Beim Erwerb des Schutzgebietes im Jahre 1884 waren Herero und Hottentotten übermächtig im Lande, und Hendrik Witboi insbesondere widersetzte sich mit seinem kriegerischen Volke der deutschen Schutzherrschaft hartnäckig und lange. Ein kühnes Räuberleben führend, beunruhigte und hemmte er die Entwicklung der Kolonie nach Kräften. Im September 1894 zwang ihn Oberst Leutwein mit der deutschen Schutztruppe endlich nieder, und es zeugt von der menschlichen Behandlung der Eingeborenen, daß wir Deutsche den Rebellen nicht am Leben bestraften, sondern mit seinem Stamm in guter Weidegegend bei Gibeon im Süden der Kolonie ansiedelten. Zehn Jahre hielt Witboi uns nun die Treue, bis er – erneut aufständig geworden – am 29. 10. 1905 als greiser und unverbesserlicher Rebell im Gefecht bei Fahlgras fiel.«

Die herablassende Darstellung
36 von Hendrik Witbooi (ca. 1835–1905) kann nicht darüber hinwegtäuschen, dass der Nama-Chief zu den bedeutendsten Persönlichkeiten gehört, die die Geschichte Namibias im ausgehenden 19. und beginnenden 20. Jahrhundert geprägt haben. Witbooi wird im heutigen Namibia als großer Freiheitskämpfer verehrt; das Konterfei des Nationalhelden ziert die namibischen Dollar-Noten. Das schriftliche Werk Witboois, vor allem seine zahlreichen Briefe, zählt zu den eindrücklichsten Dokumenten früher afrikanischer Schriftlichkeit. Witbooi war stark christlich geprägt. Durch eine Serie »göttlicher Eingebungen« war er von der Vision durchdrungen, dass er bei seiner Suche nach dem Gelobten Land von Gott geleitet werde, wie einst das Volk Israel in der Wüste. Jedoch sollte er mit seiner Lebensaufgabe, mit Hilfe seiner Nama-Krieger neuen Siedlungs- und Weideraum nördlich von Gibeon zu erobern, scheitern. Er vermochte es nicht, sich gegen die im zentralen Namibia lebenden Herero durchzusetzen, die ihrerseits mit ihren großen Rinderherden einen starken Expansionsdruck ausübten. Mit seiner Entscheidung, Anfang Oktober 1904 die Waffen gegen die Deutschen zu erheben, setzte er konsequent seinen Kampf um Autonomie fort, wenn er sich auch zwischenzeitlich – unter dem Druck der Verhältnisse – den deutschen Kolonialherren unter Gouverneur Leutwein hatte anpassen müssen.

37

37. »Durchs dunkle Afrika. Überfall im Ruwenzori-Mondgebirge«, C. H. L. Gartmann, Altona. Kakao- und Schokolade-Fabrik, vor 1914.
Text auf der Rückseite: »(...) In den zerklüfteten Felsen sprang plötzlich wie eine Wildkatze ein Warafura-Neger Falkenauge an (...).« Dieses Sammelbild bedient paradigmatisch das Klischee von der Wildheit und Hinterhältigkeit des Afrikaners.

38. »Neumecklenburger auf dem Kriegspfad«, aus der Serie »Wert und Schönheit der Deutschen Kolonien«, Echter Andre Hofer Feigenkaffee, 1937.
Text auf der Rückseite: »Neumecklenburg ist eine von vielen kleinen Eilanden umlagerte langgestreckte größere Insel des Bismarckarchipels in der Deutschen Südsee. (...) Obwohl die eingeborenen Melanesier auf ihrer schönen Insel ein geruhsames und glückliches Leben führen könnten, befehden sie sich doch gegenseitig häufig, und der Anlaß dieser kriegerischen Überfälle zwischen den Dörfern ist nicht selten – Gier nach Menschenfleisch; die Gefallenen werden gefressen. Es bedarf keiner besonderen Erwähnung, daß die deutsche Verwaltung in unserem Südseebereich, wo sie die Unsitte des Kannibalismus fand, diese rücksichtslos ausrottete.«

39. »Der Herero-Aufstand in Deutsch Süd-West-Afrika. Owanbonbe: Plünderung der Farm des Herrn Gamisch«, Diamantine Putzmittel, um 1905.

40. »Herero-Aufstand in Deutsch-Südwest-Afrika. Überfall einer deutschen Farm«, Riedel und Engelmann, Dresden, Schwerter-Chocolade, um 1905.

38

39./40. Beide Bilder zeigen deutsche Siedler als Opfer der »schwarzen Bestie«. Dass die deutschen Kolonialherren selbst Aggressoren waren und einen Völkermord an den Herero und Nama verübten, wird durch solche Darstellungen vergessen gemacht. Wie in vielen ähnlichen Bildern erscheinen nicht die Afrikaner, sondern die Deutschen als Opfer des Kolonialkrieges. So heißt es im Text auf der Rückseite vom Bild 40: »Die Gräuel, die Zerstörungen und Verwüstungen steigerten sich mehr und mehr und die Tätigkeit der Hereros beschränkte sich nicht mehr nur auf Diebstähle. Am 6. Januar 1904 überfielen sie eine Farm, genannt ›Frauenstein‹, ermordeten den Farmer, sowie dessen Frau und Kind, nebst seiner Schwägerin und die schwarzen Dienstboten. Aber nicht allein dieser Farmer war der Untergang geschworen, es waren deren noch viel mehr.«

Der Herero-Aufstand in Deutsch Süd-West-Afrika.
Omanbonbe: Plünderung der Farm des Herrn Gamisch.
1.

39

Herero-Aufstand in Deutsch-Südwest-Afrika.
Schwerter-Chocolade
R&E
Schutz-Marke
Herero-Krieger
Überfall einer deutschen Farm.
Riedel & Engelmann, Dresden.
2.

40

41. »Strafgefangene, Togo«, Berliner Morgenpost, 1907.
Text auf der Rückseite: »Strafe muss sein – auch in Afrika. Man darf an das kinderhafte, gering entwickelte Verantwortlichkeitsgefühl des Negers gewiss nicht die hohen sittlichen Ansprüche stellen wie an Europäer. Aber man muss ihn zu erziehen suchen durch Anreiz auf Belohnung, Wecken des Ehrgeizes, ja der Eitelkeit, aber wenn es Not tut, auch Gefängnis, Hiebe, ja im ärgsten Fall durch die Kette.« Nicht nur »im ärgsten Fall«: In Togo konnte ein in einem Dienstverhältnis mit Weißen stehender Schwarzer bereits bei »Widersetzlichkeit oder unbegründeten Verlassens der Dienststelle« mit bis zu 14 Tagen Kettenhaft bestraft werden.
Als Vorlage für dieses Bild diente eine häufig publizierte Fotografie, so zum Beispiel in der Kolonialzeitschrift *Kolonie und Heimat* von 1907; dort lautet allerdings die Bildlegende: »Zwei schwere Jungen (Duala, Kamerun)«.

42. »Marine- und Kolonial-Serie«, Basolin Metallputz, um 1925.
Text auf Rückseite: »Einbringung aufständiger Bandenführer. Nicht immer bleibt das Verhältnis der Eingeborenen zur Schutztruppe ein friedliches. Von Zeit zu Zeit (…) versuchen aufständige Führer Banden um sich zu sammeln und die ihnen lästigen Fesseln deutscher Kultur abzustreifen. (…) Das Bild zeigt den Moment, in dem zwei solcher aufständiger Bandenführer gefesselt zur Station gebracht und einem scharfen Verhör über ihre Unbotmäßigkeit unterzogen werden (…). Solange in den Schutztruppenbezirken nicht der Geist straffer Ordnung eingezogen ist, der den Arbeiten der Landeskultur und der Erziehung zur Botmäßikeit gegenüber den deutschen kolonialen Gesetzen den Boden bereitet, muß natürlich oft die Waffe den Gehorsam erzwingen, den das friedliche Wort nicht erreicht.«
Einmal mehr wird hier die koloniale

41

42

43

Gewalt als eine rechtmäßige, da nur auf die »Unbotmäßigkeit« der Afrikaner reagierend, gerechtfertigt.

43. »Haussamann im deutschen Kamerun«, aus der Serie »Wert und Schönheit der Deutschen Kolonien«, Echter Andre Hofer Feigenkaffee, 1937.
Text auf der Rückseite: »Das große Volk der Haussa bildete im 16. und 17. Jahrhundert in den Gebieten zwischen dem Nigerfluß und dem Tschadsee eigene bedeutende Reiche, die in der Folgezeit von den Fulbe überrannt und zerstört wurden. Heute sind Haussa und Fulbe ineinander aufgegangen, wo sie noch nebeneinander herleben, zeichnen sich die Haussa durch Sinn für Handel und Handwerk aus: ja, der Typ des gerissenen Haussahändlers ist im Kamerun sprichwörtlich geworden. (...) Im Hintergrund unseres Bildes steht eine Haussa-Moschee aus Termitenlehm. Der Islam war auf seinem Siegeszug im nördlichen und mittleren Afrika bisher nicht aufzuhalten.«
Der Text des Sammelbildes ist vergleichsweise sachlich gehalten, wenn auch der Hinweis auf den »Typ des gerissenen Haussahändlers« ins Klischee abgleitet. Haussa (heute Hausa) ist die größte in Westafrika und neben dem Swahili am weitesten verbreitete indigene Sprache auf dem afrikanischen Kontinent. Die Zahl der Menschen, die gegenwärtig Hausa sprechen, dürfte sich auf über 50 Millionen belaufen.
Die Hausa bekennen sich ganz überwiegend zum sunnitischen Islam, der sich bereits seit dem 11. Jahrhundert in Westafrika verbreitete. Die Islamisierung nahm ihren Anfang vermutlich durch den mit den Handel einhergehenden kulturellen Austausch und durch Pilger, die durch das Land der Hausa reisten. Nach dem Sieg der Fulbe über die Hausa-Staaten wurde der Prozess der Islamisierung vorangetrieben. Den christlichen Kolonialmächten war der starke Islam stets ein Dorn im Auge.

44

44. »Schule in Hohenfriedeberg, Deutsch-Ostafrika«, Berliner Morgenpost, 1907.
Text auf der Rückseite: »Zu den Segnungen der Kultur, die die europäische Kolonisation in die Länder Afrikas gebracht hat, gehört vor allem das Schulwesen. Die schwarze Jugend mag es ja vielleicht häufig als ein Geschenk des ›Scheitan‹, des bösen Geistes der Neger, betrachten – es ist aber wohl derjenige Punkt, in dem die europäischen Völker den Bestrebungen der Regierungen und Missionen mit den wenigsten Einschränkungen Recht geben dürften.«
Solche Darstellungen zeigen, welches Selbstbild die weißen Kolonialherren am liebsten von sich entwarfen: als Erzieher der Schwarzen, als Sendboten der Zivilisation.

45. »Bitte, bitte, liebe Weiße (…)«, Trappisten Mission, um 1900.
Bis heute gibt die Rolle der Mission in der jahrhundertelangen Kolonialgeschichte Anlass zu kontroversen Diskussionen. Auf der einen Seite werden die Verstrickungen der Missionare in das koloniale Projekt hervorgehoben, sind diese doch auch im Dienste der Kolonialherren tätig gewesen (»Agenten des Kolonialismus«). Auf der anderen Seite wird darauf verwiesen, dass sich die Missionare der Kolonialverwaltung widersetzten und für die Interessen der Kolonisierten eintraten (»Anwalt der Eingeborenen«). Das Bildchen der Trappisten Missionsgesellschaft appelliert an das Mitgefühl und damit die Spendenbereitschaft der

45

Weißen, die sich hier wieder einmal in ihrer paternalistischen Rolle gefallen.

46. »Hauskapelle in Togo«, Gartmann's Schokolade, um 1915.

47. »Bergdamara, Deutsch-Süd-West-Afrika«, Berliner Morgenpost, 1907. Text auf der Rückseite: »Die Bevölkerung der Kolonie Südwestafrika setzt sich aus sehr verschiedenen Elementen zusammen – die Völkerkarte des Schwarzen Erdteils ist ziemlich buntscheckig. Die Damara sind ein Zweig der großen Hererofamilie, und die in den Bergen lebenden zeichnen sich durch besonders kräftigen Wuchs, kriegerischen Sinn und schwere Zugänglichkeit aus.«

46 47

48 49

48. »Togo, Polizeitruppe«, Berliner Morgenpost, um 1907. Text auf der Rückseite: »Togo ist die kleinste unter den deutschen Kolonien in Westafrika, aber vielleicht eine der entwicklungsfähigsten. Die Bevölkerung ist im allgemeinen gutartig. Der Neger ist oft recht pflichteifrig, sobald man ihm ein kleines Amt und ein besonderes Abzeichen gibt. Er gleicht dann dem Kinde. Die schwarze Polizeitruppe in ihrer hellen Uniform mit der roten Mütze und den nackten Beinen macht einen pittoresken Eindruck.«

49. »Deutsche Kolonien: Deutsch Ostafrika. Massai-Krieger« (mit Reichskriegsflagge), Seifen- und Parfümerie-Fabriken Rud. Herrmann Berlin, vor 1914.
Ein Massai-Krieger mit Reichskriegsflagge – das entsprach wohl eher den Wunschvorstellungen der Deutschen als der Realität in Ostafrika. Denn die als besonders »kriegerisch« geltenden Massai wollten sich nicht an den reglementierten Garnisonsalltag anpassen bzw. einer fremden Disziplin unterwerfen und mieden daher den Dienst in der »Schutztruppe«.

50

51

50. »Aus Deutschlands Kolonien«, Aecht Franck Kaffeezusatz, um 1905.
Text auf der Rückseite: »Kaisers Geburtstag. Kaisers Geburtstag wird auch in unseren Kolonien alljährlich festlich begangen. (…) Das Militär hat Parade; so sehen wir umstehend das Aufziehen der Wachtparade in Daressalam.« Der Text suggeriert die völlige Übereinstimmung der Kolonisierten mit ihren Kolonialherren. Es wird kein Wort darüber verloren, wie schwer es zum Teil selbst in Friedenszeiten war, afrikanische Rekruten für die »Kaiserlichen Schutztruppen« anzuheuern.

51. »Kriegskanu, Kamerun«, Gartmann Schokolade, um 1915. Solche »Kriegskanus« waren vor allem bei den Duala in Kamerun verbreitet. Die prächtigen Schnitzwerke am Bug haben eine kultische Bedeutung und zeigen mythische Menschen- und Tierfiguren. Diese Kanus wurden bei den jährlichen Wasserfesten (»Ngondo«) eingesetzt, die noch heute begangen werden.

52

52. »Der Neger als treuer Helfer im Haus und auf dem Arbeitsplatz«, aus der Serie »Wert und Schönheit der Deutschen Kolonien«, Echter Andre Hofer Feigenkaffee, 1937.
Text auf der Rückseite: »Viele Millionen Farbige bevölkern unseren kolonialen Raum, – und spricht man vom Wert der Kolonien, muß man in erster Linie von den Qualitäten unserer Eingeborenen als Menschen und als Arbeiter reden. Freilich, der Neger ist wie ein Stück Wachs in eines Schöpfers Hand, seine guten Anlagen schlummern zumeist, dem Weißen als Kulturträger obliegt es, sie zu wecken und zu entwickeln. Die Kolonialmächte haben die Pflicht, den Neger zu formen, ihm das gute Beispiel vorzuleben und nicht das schlechte. Wir Deutsche können bekunden, daß wir dieses gute Beispiel unseren Eingeborenen vollauf vorgelebt haben und von ihnen für gegebene Treue wiederum Treue empfingen. – Auf unserem Bilde dient Ali als Boy und Kindermädchen in Treue seinem deutschen Herrn. Ali gehört dem im Küstengebiet von Deutsch-Ostafrika weitverbreiteten Stamm der Suaheli an.«

53

54 

53. »Kameruns Holzreichtum«, Deutsche Kolonial-Bilder der Berliner Morgenpost, 1941.
Im Urwald Kameruns: schwarze Muskeln und weiße Köpfe mit Tropenhelm. Solche Bilder weckten vor allem dann Sympathie für die Afrikaner, wenn sie als treue Arbeiter ihrer weißen Herren erscheinen.

54. »Farbiger Traktorenführer auf einem deutschen Pflanzungsbetrieb in Togo«, aus der Serie »Wert und Schönheit der Deutschen Kolonien«, Echter Andre Hofer Feigenkaffee, 1937.
Text auf der Rückseite: »Der primitive Eingeborene Afrikas hat den Schritt ins moderne technische Leben mit erstaunlicher Kühnheit vollbracht, und gerade dem Auto ist er mit besonderer Liebe zugetan; als Kraftfahrer stellt er durchaus seinen Mann.
Dieser Traktor (…) ist Symbol für die neue Zeit: wir brauchen Kolonien nicht mehr zum Auswandern im landläufigen Sinne der alten Zeit, wir wollen Kolonien als Rohstoffbasis zur Gewinnung jener vielen Dinge, die wir zusätzlich zur heimischen Erzeugung aus Übersee beziehen müssen, denken wir nur an Baumwolle, an Fette und Öle und die devisenfressenden Genußmittel Kaffee, Kakao und Tabak. In eigenen Kolonien zahlen wir mit deutschem Geld, und dieses Geld ist niemals verloren; denn kein Taler ist so rund, wie der in Kolonien gegebene, er rollt unweigerlich in die Heimat zurück, den natürlichen Kreislauf des Geldes im Güteraustausch immer aufs neue beginnend und vollendend.«
Die Nationalsozialisten hatten die Propaganda des Kolonialrevisionismus mit einer ganzen Reihe von Restriktionen belegt. Danach durfte sich die neokoloniale Propaganda lediglich auf die Widerlegung der »Kolonialschuldlüge« und auf die Wiedererlangung der ehemaligen Kolonien zur Gewinnung von Rohstoffen und Kolonialerzeugnissen beziehen, hingegen war jegliche Werbung für »Siedlungskolonien« unzulässig. Während die Kolonialbewegung in Deutschland unverdrossen an den Vorstellungen des klassischen (Übersee-)Kolonialismus festhielt, sah sie sich gezwungen, auf diese kolonialpolitischen Vorgaben des NS-Regimes Rücksicht zu nehmen. Der Bildtext hält sich an diese Maxime der Kolonien als Rohstofflieferanten für ein autarkes Großdeutsches Reich.

Cibils
Aus dem dunklen Weltteile.
Sklavenjäger im Sudan.
verte.
55

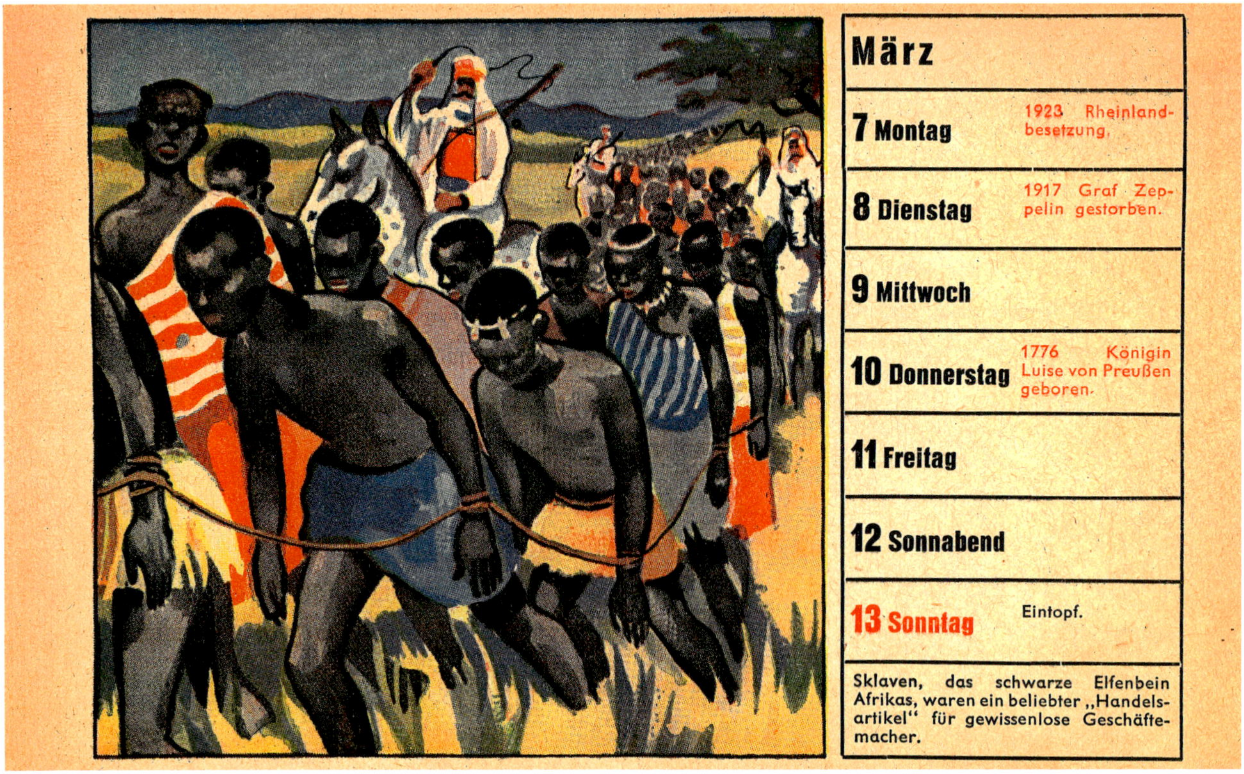
März
7 Montag
1923 Rheinland-besetzung.
8 Dienstag
1917 Graf Zeppelin gestorben.
9 Mittwoch
10 Donnerstag
1776 Königin Luise von Preußen geboren.
11 Freitag
12 Sonnabend
13 Sonntag
Eintopf.
Sklaven, das schwarze Elfenbein Afrikas, waren ein beliebter „Handelsartikel“ für gewissenlose Geschäftemacher.
56

57

55. bis 58. Die Europäer, die selbst über Jahrhunderte hinweg am Sklavenhandel beteiligt waren, werden hier als Streiter wider die Sklaverei, als Befreier der Schwarzen, dargestellt. Wohl wurde die Sklaverei in Ostafrika unter den Deutschen eingedämmt, doch nicht aus humanitären Gründen der Kolonialherren, sondern aus wirtschaftlichen Überlegungen und aufgrund des Drucks aus der Heimat.

55. »Aus dem dunklen Weltteile. Sklavenjäger im Sudan«, Cibils, reine Fleischextrakte, um 1900.
Text auf der Rückseite: »Mit grosser Mühe ist es gelungen den Menschenjagden, welche den Sudan zu einem Banditenneste machten, Einhalt zu tun.«

56. »Unsere Kolonien«, Kaiser's Wochenkalender 1938.

57. »Die ersten Negersklaven werden in Lissabon feilgeboten (1434)«, aus der Serie »Die Eroberung des Erdballs«, Palmsana- und Kaisersana-Pflanzenmargarine, Westdeutsche Nahrungsmittel-Werke, Duisburg, 1934.

58. »Kreuzer IV. Kl. ›Schwalbe‹ verfolgt an der ostafrikanischen Küste eine Dhau (Sklavenhändler). 1889«, Druck und Verlag von Oehmigke & Riemschneider, Neu Ruppin, um 1900.

58

59

60 61

59. bis 63. »Bilder aus Afrika«, Liebig's Fleisch-Extract, 1906.
59. »Sonntagsritt«.
60. »Ständchen«.
61. »Preiskegeln«.
62. »Hindernissreiten«.
63. »Beim Photographen«.

59 bis 63. Ikonographische Zähmung des Fremden: Afrikaner in weißen Rollenmustern oder: deutscher Alltag in afrikanischer Kulisse. Die Aneignung europäischer Kleidung, Technik und Traditionen durch die Afrikaner, wie sie hier persifliert wird, stellte seinerzeit aber auch eine Bedrohung des Gefühls »weißer Überlegenheit« dar, weil dadurch die Trennung von Eigenem und Fremdem, von »zivilisiert« und »primitiv« unterlaufen wurde.

BILDER AUS AFRIKA – Hindernissreiten.
LIEBIG'S FLEISCH-EXTRACT.
Gesetzlich geschützt.
Siehe Rückseite.

62

BILDER AUS AFRIKA - Beim Photographen.
LIEBIG'S FLEISCH-EXTRACT.
Gesetzlich geschützt.
Siehe Rückseite.

63

64

65 66

64. bis 69. Zwei Serien mit Witzbildern; die Darstellung der »drolligen Negerkinder« zielte vor allem auf Kinder und Jugendliche als Publikum.

64. bis 67. »Sport und Spiel in Afrika«, Emmerlings Bilderserie (Nudeln), um 1920.
64. »Heißer Endkampf«.
65. »Großmutters Geburtstag«.
66. »Nilpferdrennen«.
67. »Blindekuh-Spiel«.

68./69. Palmin (Pflanzenfette), um 1910.

67

68

69

70 71

72 73

74 75

Gruppe 107, No. 1.

STOLLWERCK'S ADLER-CACAO.

Entölter Puder-Cacao

schnell löslich und wohlschmeckend.

1/2 Ko. M. 2,40, 1/4 Ko. M. 1,25, 1/8 Ko. M. 0,65.

An dem Rande einer Wüste,
Fern im Kameruner Land,
Spielen kleine Negerkinder
Fröhlich in dem Wüstensand.

Auf den hohen Bambusstelzen,
Die der Vater ihm gemacht,
Schreitet stolz einher das Büblein,
Freut sich seiner Kunst und lacht.

Und die Schwester zieht im Wagen
Hinter sich das Brüderlein —
So vergnügen sich die Kinder
Sorgenlos im Sonnenschein.

Für Stollwerck's Sammel-Album No. 3.

70. bis 76. »Scherzhaftes aus Kamerun«, Stollwerck's Adler-Cacao, 1899.
Bildserie, die die Flucht eines Diebes vor einem Polizisten schildert. Diese Geschichte wurde auf der jeweiligen Rückseite des Sammelbildes – beispielhaft Bild 76 – in Versform begleitet.

77./78. »Afrikanische Abenteuer«, Kukirol (Fußpflegemittel), Groß Salza bei Schönebeck, um 1930.

76

14
Mit einmal aber weckt mir Gepauk,
Gedudel, Gejodel und andrer Klamauk;
Umschlungen halten sich Männer und Frau'n,
Wobei sie vergnügt ihre Füße beschaun.

77

4
Sie leben glücklich und kennen kein Leid, –
Das sah natürlich der Düwel mit Neid;
Er sann auf Böses und schickte ins Land
Mit Waren einen Schuhfabrikant.

78

79. bis 81. Verschiedene Spottbilder, in denen der Schwarze auch für die groteskesten Darstellungen herhalten musste.

79. »Lustiger Sport. Wettessen der Neger beim Wettlaufen«, Otto Gerspacher Edel Margarine, um 1915.

80. Immalin Lederputzmittel, 1928.

81. F. Trautmann, Brauselimonade, Hamburg, Blanko-Bild, um 1900.

79

80 81

82

82. bis 84. Liebig Company's Fleisch-Extract, 1891.
Diese Sammelbilder persiflieren das afroamerikanische Milieu. In der Kultur der weißen angelsächsischen Gesellschaft der Vereinigten Staaten gab es – und viele der Betroffenen würden sagen: gibt es bis heute – einen tief verwurzelten Rassismus gegenüber Schwarzen. Besonders in der visuellen Massenkultur fand dieser Rassismus seinen beredten Ausdruck: Der Schwarze gab meist nur eine Spottfigur ab. Die Weißen vermochten es nicht, ihn als ihresgleichen anzuerkennen.

LIEBIG COMPANY'S FLEISCH-EXTRACT
Nº 4. Sein der grosse Schiff ankomm',
Bring' Gutes mit für Onkel Tom!
Siehe Rückseite.

83

LIEBIG COMPANY'S FLEISCH-EXTRACT
Nº 2. Extract sein da in Töpfchen rund,
Miss Jocko, schmecken sehr gesund!
Siehe Rückseite.

84

85

85. »Clown-Spaesse. Die Clowns als Neger-Minstrels«, Liebig's Fleisch-Extract, 1903.
Das Bild zeigt Weiße als Clowns verkleidet, die in einem Zirkus mit *blackface*-Maskierungen auftreten. Diese Praxis geht auf die sogenannten Minstrelsy-Shows zurück, die Mitte des 19. Jahrhunderts in den USA aufkamen. Während man seinerzeit Schwarze von den Bühnen (und vielen anderen Bereichen des öffentlichen Lebens) ausschloss, wurden sie in solchen Shows karikiert und rassistisch verunglimpft.

86./87. »Negergirls« (Namen der Tänzerinnen unbekannt), aus dem Album »Berühmte Tänzerinnen«, Garbaty-Cigarettenfabrik, Berlin 1933..
Die sich weltoffen gebenden Weißen in Europa feierten in den 20er Jahren schwarze Künstler, die geradezu zu einem Sinnbild der erwünschten Modernität und für eine kulturelle Avantgarde wurden. Dass dies oftmals mit der Aufrechterhaltung alter Klischees (hier exotische Tänzerinnen) einherging, steht auf einem anderen Blatt.

88. Zigarettenfabrik Reemtsma, Hamburg, 1936.
Die Leichtathleten Jesse Owens und Lutz Long. Anlässlich der Olympischen Spiele 1936 in Berlin gab sich das NS-Regime vorübergehend weltoffen. Jesse Owens avancierte zum umjubelten Star der Spiele in Berlin. Allerdings lehnte es Hitler ab, mit dem vierfachen Olympiasieger fotografiert zu werden. Für den Rassenfanatiker war es unerträglich, dass nicht ein »Arier« der schnellste Mann der Welt war und am weitesten springen konnte. »Die Amerikaner sollten sich schämen«, so Hitlers Kommentar, »ihre Medaillen von Negern gewinnen zu lassen.« Und weiter hetzte er: »Athletischer gebaut als die zivilisierten Weißen« und deshalb »eine nicht zu vergleichende Konkurrenz«, müsse man sie »folglich von den künftigen Spielen und sportlichen Wettbewerben ausschließen«.
Nach seiner Rückkehr in die USA weigerte sich auch Franklin D. Roosevelt, den Sportstar im Weißen Haus zu empfangen. Der amerikanische Präsident fürchtete die Reaktionen der konservativen Weißen vor allem im Süden des Landes. Später merkte Owens dazu an, dass ihn nicht Hitler brüskiert habe, sondern Roosevelt.

86 87

88

Luz Long und Jesse Owens plaudern ein wenig in der Ruhepause beim Weitsprung.

Herrengestalten – Das Selbstbildnis des »weißen Mannes«

In der Jahrhunderte währenden Kolonialherrschaft feierte sich Europa als gegenüber dem »Rest der Welt« überlegene Zivilisation. Das Eigene als Norm setzend, fand der »weiße Mann« Gefallen daran, sich als Herrenmensch aufzuführen und in Szene zu setzen. Die koloniale Massenkultur – die Reklamesammelbilder machen dabei keine Ausnahme – spiegelt diese Selbststilisierung als »imperial race« wider. Auf unfreiwillige Weise entlarvt sie, wie sehr der Europäer geradezu gefangen war im Bewusstsein der eigenen Höherwertigkeit. Das visuelle Archiv des Kolonialismus ist bevölkert von lauter großen Entdeckungsreisenden und Forschern, berühmten Kolonialpionieren – heldenhafte Gestalten, umweht von der Aura des Übermenschen –, Heils- und Kulturbringern, gütigen (gleichwohl paternalistisch auftretenden) Missionaren, siegreichen Kolonialarmeen, mächtigen Gouverneuren und Befehle gebenden Plantagenbesitzern. Die Liste dieser Herrengestalten ließe sich noch verlängern.

Damit diese Idealisierung überzeugen konnte, benötigte sie das rassistisch überzeichnete Gegenbild des »Wilden«. Denn je dunkler, primitiver und schwächer man das Fremdbild des »Anderen« präsentierte, umso heller leuchtete das Selbstbild. Die Modernität, die der »weiße Mann« für sich reklamierte, glänzte erst richtig im Kontrast zur vermeintlich hoffnungslos überholten und deshalb zum Untergang verurteilten Tradition der »Eingeborenen«. Der Schwarze erschien als Symbol der Vergangenheit, der Vormoderne. Da wo er sich anpasste, verunglimpften ihn die Weißen als »Hosennigger«. »Hochkultur« wurde allein mit heller Hautfarbe identifiziert.

Diese vermeintliche Überlegenheit kommt auch in den kolonialen Sammelbildern zum Ausdruck. Wo immer der »weiße Mann« auftritt, beherrscht er die Szene, als habe er das selbstverständliche Recht, über Land und Leute zu herrschen. Die Bilder sind beredte Dokumente der Mission, die der Weiße sich selbst zugeschrieben hat: unter den Kolonialvölkern Fortschritt und Frieden zu verbreiten und Ordnung ins »Chaos« zu bringen. Nirgends wird auf den Sammelbildern der Kolonialismus als schuldhaftes Handeln in Frage gestellt oder gar kritisiert.

DEUTSCHE KOLONIAL-BILDER DER BERLINER MORGENPOST

BILD 4 Nach dem Dreißigjährigen Kriege erörterte man an manchen deutschen Höfen und in Kreisen von Gelehrten und Kaufleuten lebhaft die Gedanken eines jungen Deutschen, des Arztes und Volkswirtschaftlers *Johann Joachim Becher*. In vielen Schriften versuchte er, den Nutzen von deutschen Übersee-Kolonien zu beweisen.

1

1. »Vorkämpfer des deutschen Kolonial-Gedankens«, Deutsche Kolonial-Bilder der Berliner Morgenpost, 1941. Johann Joachim Becher (1635–1682), Alchemist und Finanzfachmann, sollte im Auftrag des Grafen Friedrich Casimir von Hanau die Kolonie »Hanauisch-Indien« in Südamerika (im heutigen Französisch-Guayana) gründen. Infolge der maroden wirtschaftlichen Lage der Grafschaft Hanau konnte das Projekt nicht ausgeführt werden.

Das Bild hat Symbolcharakter: Eine kleine Gruppe von weißen Männern sitzt zu Hause vor einem Globus und teilt die Welt nach Gutdünken auf – eine Szene, die sich auf der Kongo-Konferenz in Berlin 1884/85 wirklich ereignete, als die Europäer am Grünen Tisch willkürlich Linien über die Karte des afrikanischen Kontinents zogen und ihn ohne Rücksicht auf die Afrikaner in Einflusssphären ihrer Nationen aufteilten.

2

2. »Unsere Kolonien«, Kaiser's Wochenkalender 1938 (Ausschnitt aus einem Kalenderblatt).
Der Pioniergeist der ersten Kolonialsiedler war immer wieder Gegenstand von heroisierenden Darstellungen. Zahlreich ist auch jene Kolonialliteratur, die die Heldensage von den deutschen Auswanderern verbreitete, die die afrikanische »Wildnis« in »Kulturland« verwandelt hätten.

3. »Besitzergreifung von Kamerun«, Theodor Hildebrand & Sohn, Berlin, Hildebrand's Deutsche Schokolade, Deutscher Kakao, um 1910.
Besitzergreifung war wohl seinerzeit das »magische« Wort der Kolonialherren. Oftmals war zudem im kolonialen Sprachgebrauch von einem »Niemandsland« die Rede, ein herrenloses Land, das man sich – unabhängig davon, ob es bewohnt war oder nicht – aneignen durfte.

3

4 5

4. bis 9. Wo und bei welcher Gelegenheit auch immer er in Afrika in Erscheinung trat: Immer wurde der »weiße Mann« als Herr in Szene gesetzt.

4. »Einzug in ein Negerdorf«, aus der Serie »Wissmann in Afrika«, Lahusen's Jod-Eisen-Leberthran, um 1905.

5. Aus dem Stollwerck Sammel-Album Nr. 11 »Das Tier im Dienste des Menschen«, Stollwerck (Schokolade), 1910. Text auf der Rückseite: »(…) Auf unserem Bilde sehen wir einen Afrikareisenden auf solchem Esel (Maskatesel) sitzend, hinter ihm seinen Diener und in der Ferne die ersten Lastenträger der Karawane.«

6. »Ostafrikan.(ische) Elfenbeinkarawane«, Tell-Chocolade, Hartwig & Vogel, Dresden, vor 1914.
Dieses Bild ist paradigmatisch für den Herrschaftsanspruch und das Selbstverständnis des »weißen Mannes«: Er steht an der Spitze der kolonialen Gesellschaft, und die einheimische Bevölkerung hat ihm zu dienen und dabei zu helfen, sich die Reichtümer des kolonisierten Landes anzueignen.

7. bis 9. »Afrika-Scenen«, F. AD. Richter & Cie. Rudolstadt u. Nürnberg (Schokolade und Steinbaukästen), um 1900.

6

7

8

F. AD. RICHTER & CIE, RUDOLSTADT u. NÜRNBERG.
Der Anker Pain-Expeller
ist das bewährteste Hausmittel
Serie: Afrika-Scenen.
No 3.

9

F. AD. RICHTER & CIE, RUDOLSTADT u. NÜRNBERG.
Der Anker Pain-Expeller
ist das bewährteste Hausmittel
Serie: Afrika-Scenen.
No 5.

10

11

10. »Blutsfreundschaft«, Gartmann Schokolade, um 1915. Verbrüderungsszene mittels Blutsfreundschaft. Ein seltenes Bild, in dem sich Weiße und Schwarze von Gleich zu Gleich begegnen. Wie diese »Freundschaft« in Wirklichkeit aussah, zeigt ein anderes Bild aus der Serie: »Herr« blieb trotz alledem der Weiße.

11. »Filausana«, Gartmann Schokolade, um 1915.

12./13. »Die Entdeckung des Seewegs nach Indien«, Liebig Company's Fleisch-Extract und -Pepton, 1897.

12. »Vasco da Gama's Empfang beim Samudrin von Calicut. Ende Mai 1498«
13. »Einzug Vasco da Gama's in Lissabon, September 1499«.

12./13. Den Kniefall (Proskynese) des »weißen Mannes« vor einem dunkelhäutigen Menschen hat es selten im Bilde gegeben. Aber auch hier wird das tatsächliche Herrschaftsverhältnis im Laufe der Bildserie wieder zurechtgerückt: Ein Jahr später werden die »Eingeborenen« im Triumphzug in die Heimat gebracht und dort dem staunenden Publikum als Trophäen präsentiert.

12 
LIEBIG COMPANY'S FLEISCH-EXTRACT UND-PEPTON
Die Entdeckung des Seewegs nach Indien.
Nr. 4. Vasco da Gama's Empfang beim Samudrin von Calicut. Ende Mai 1498.
Siehe Rückseite.

13 
LIEBIG COMPANY'S FLEISCH-EXTRACT UND-PEPTON
Die Entdeckung des Seewegs nach Indien.
Nr. 6. Einzug Vasco da Gama's in Lissabon. September 1499.
Siehe Rückseite.

14. Blanko-Bild, um 1900.
Männerphantasien oder: Die Exotik lockt den »weißen Mann« in Gestalt der afrikanischen Schönen. Obgleich die Kolonialherren stets um klare Grenzziehungen bemüht waren, kam es in den Überseegebieten zu vielfältigen – auch sexuellen – Kontakten. Allerdings unterlief diese Nähe zwischen Kolonisatoren und Kolonisierten das hierarchische Ordnungsmodell der Kolonialherrschaft und war deshalb nicht gern gesehen.

15. »Gruss in Gabun. Westafrika«, Aechte Linde's Kaffee Essenz, um 1915.
Die Inszenierung dient dazu, Werbung für das Kaffeeprodukt zu machen. Nicht ganz sicher kann sich der Betrachter sein, wem oder was der Kniefall und Applaus der Afrikaner gilt: der Kaffeedose oder dem »weißen Mann«.

16. »Hottentotten und Buschmänner«, Deutsche Kolonial-Bilder der Berliner Morgenpost, 1941.
Der weiße Blick: Schutztruppensoldaten fotografieren eine Gruppe von »Hottentotten« (abfällige Fremdbezeichnung für die Nama im südlichen Afrika).

17. Nähr-Kakao von G. G. Petzold & Aulhorn, Dresden, um 1905.
Der Missionar im Dienste der Kakao-Werbung.

14

15 16

Nähr-Kakao von C.C. Petzold & Aulhorn, Dresden
ist überall zu haben.
Die schwarzen Frauen und Kinderlein
„So etwas Gut's" sie laut zusammenschrein,
„Wie Aulhorn's Nähr-Kakao, hurrah!
„War noch nicht da im ganzen Afrika."
M.R. & Co

17

Hartwig & Vogel
A.-G.
TELL CACAO
Gold Packung
Landungssteg in Entebbe.
Serie 61
Erste Dernburg-Reise nach Ost-Afrika
Bild No 1.

18

Hartwig & Vogel
A.-G.
TELL CACAO
Rote Packung
Tell-Cacao
Auf einer Station der Usambara-Bahn.
Serie 61
Erste Dernburg-Reise nach Ost-Afrika
Bild No 2.

19

20 21

22 23

18. bis 23. »Erste Dernburg-Reise nach Ost-Afrika«, Tell-Cacao und Tell-Chocolade, Hartwig & Vogel Dresden, 1909.
18. »Landungssteg in Entebbe«.
19. »Auf einer Station der Usambara-Bahn«.
20. »Reise in den Usambara-Bergen«.
21. »Empfang von Negersultanen bei Wilhelmstal«.
22. »Parade der Polizei-Truppen in Dar Es Salam«.
23. »Strasse in Lindi«.

18. bis 23. Bernhard Dernburg (1865–1937), Bankier und Politiker, war ab 1906 Leiter der Kolonialabteilung im Auswärtigen Amt und von 1907 bis 1910 Staatssekretär im neugeschaffenen Reichskolonialamt. 1907 und 1908 unternahm er zwei Informationsreisen durch die Kolonien. Nachdem es in der Folge der Kolonialkriege in Deutsch-Ostafrika und vor allem in Deutsch-Südwestafrika zur Kritik an der bisherigen (allzu gewalttätigen) Kolonialpolitik gegeben hatte, wollte Dernburg die Kolonialherrschaft modernisieren, und zwar im Sinne einer effektiveren Verwaltung. Die Kurskorrektur war nicht zuletzt deshalb möglich, weil die Deutschen nach den »großen Aufständen« der Jahre 1904 bis 1907 vor weiteren Widerstandsaktionen der Kolonisierten sicher sein konnten. Als Hauptziel wurde nun die Erhaltung der afrikanischen Arbeitskraft verkündet, da sie die wichtigste Grundlage für die weitere Ausbeutung der Kolonien sei. Dass auch eine solche »Reformpolitik« nichts an dem grundlegenden Herrschaftsverständnis der Weißen änderte, zeigt diese Bildserie. Bild 22 ist von besonderer Bedeutung, da es eines der ganz wenigen ist, auf denen weiße Frauen zu sehen sind. Dabei hatten auch Frauen ihren Anteil am kolonialen Projekt, sei es als Siedlerinnen, Kranken- und Missionsschwestern oder in der Kolonialpropaganda. Weiße deutsche Frauen wurden nicht zuletzt aus »rassenhygienischen Gründen« in die Kolonien gesandt, um der »Verkafferung« männlicher weißer Siedler, die intime Kontakte zu afrikanischen Frauen pflegten, begegnen zu können. Die national ausgerichtete Frauenbewegung im deutschen Kaiserreich betrachtete die weiße Frau in den Kolonien als »Kulturträgerin«, die für »Zucht und Sitte« und die »Reinerhaltung der Rasse« zu sorgen habe. Die Vorsitzende des Kolonialen Frauenbundes, Ada Liliencron, schrieb 1908: »Aber die deutsche Frau allein ist berufen und im Stande, (das Land) deutsch zu erhalten«. Manche weiße Frau nutzte die Auswanderung in die Kolonien jedoch auch, um dort neue emanzipatorische Lebensformen auszuprobieren.

24. »König Mataafa u. der deutsche Gouverneur«, Frankfurter Automaten-Fabrik, Cress & Co., um 1900.
Ein Repräsentant der Kolonialmacht und sein »treuer Eingeborener«: Nach Thronstreitigkeiten hatten die Deutschen Mataafa als »ihren« König auf Samoa eingesetzt. Lange Jahre hatten die USA, Deutschland und Großbritannien versucht, die Inselgruppe unter ihren Einfluss zu bringen. 1899 kam es zur Teilung Samoas zwischen den USA und Deutschland. Großbritannien wurde durch andere pazifische Inseln entschädigt.

25. »Mataafa, Oberhäuptling von Samoa leistet den Eid«, Franck Kaffee, um 1900.

26. »Aus Deutschlands Kolonien«, Aecht Franck Kaffeezusatz, um 1900.
Text auf der Rückseite: »Schauri heißt in unseren Kolonien eine Gerichtsverhandlung. Der Angeklagte wird durch einen mit dem Reichwappen versehenen, schwarz-weiß-rot gestreiften Schein vorgeladen. (...) Die Verhandlungsweise ist gesetzlich geregelt.« Das Bild suggeriert, dass erst mit den Kolonialherren Recht und Ordnung in Afrika Einzug gehalten hätten.

27. »Aus dem dunklen Weltteile. Die französische Missions-Anstalt Sesse«, Cibils, reine Fleischextrakte, um 1900.

24

25

Aecht Franck

26

Cibils
Aus dem dunklen Weltteile.
Die französische Missions-Anstalt in Sesse.
verte.

27

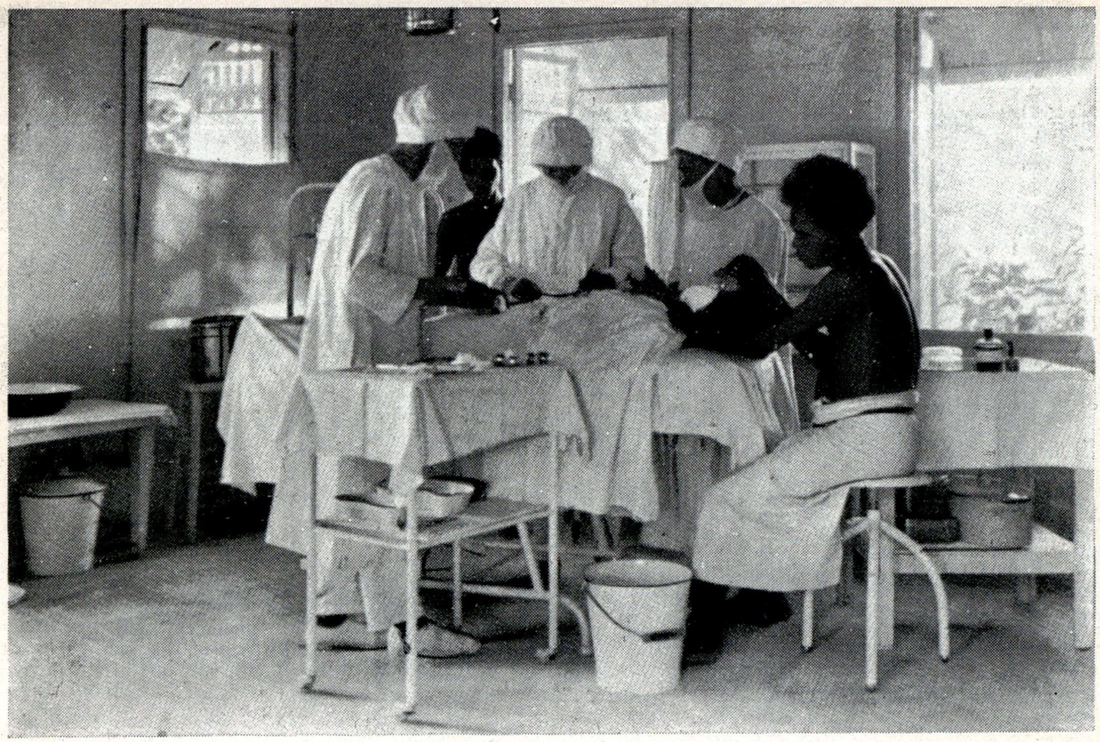

Eine Operation

Bild 59

Hier sind neben der Ärztin und Schwester auch die braunen Heil-gehilfen an der Arbeit. Und sie werden als sehr anstellig gerühmt. So wie dieser Kranke werden tagtäglich viele behandelt, und froh und vergnügt verlassen ihrer viele das Missionskrankenhaus.

28

28. »Eine Operation«, Bilder aus der Neuguinea-Mission, vor 1914.
In Deutsch-Neuguinea waren verschiedene Missionsgesellschaften tätig, sowohl katholische wie die Herz-Jesu-Mission, die Steyler Mission oder die Maristenmission als auch evangelische wie die Neuendettelsauer Mission oder die Rheinische Mission. Ein Betätigungsfeld der Missionare war die medizinische Versorgung, die auch Albert Hahl (1868–1945), zwischen 1902 und 1914 Gouverneur von Deutsch-Neuguinea, am Herzen lag. Krankenhäuser bzw. -stationen unterhielten die Regierung wie die Missionen.

30. »Afrika. Jürgen Hansen erlebt den schwarzen Erdteil«, Sanella-Bilder, Margarine-Union AG, Sammelalbum, Hamburg 1952.
Ein guter Weißer: Albert Schweitzer. Er gründete, wie im Begleittext gerühmt wird, »in einzigartiger Selbstaufopferung« ein Hospital in Lambarene/Gabun.

29. »Deutschlands Kolonial-Arbeit«, Deutsche Kolonial-Bilder der Berliner Morgenpost, 1941.
Das Bild zeigt Robert Koch bei medizinischen Forschungen in Afrika. Hier wird der Eindruck erweckt, als hätten die Deutschen ihre Ärzte vornehmlich zum Wohle der Afrikaner in die Kolonien geschickt. Darüber wird die eigentliche Aufgabe der Tropenmedizin vergessen gemacht, nämlich den weißen Siedlern einen wirksamen Schutz beispielsweise vor Malaria bieten zu können, genauso wie es um den Erhalt der schwarzen Arbeitskraft ging. Zu bedenken ist überdies, dass zum Erscheinungsdatum des Bildes NS-Wissenschaftler tropenmedizinische und rassenanthropologische Versuche an schwarzen Kriegsgefangenen durchführten.

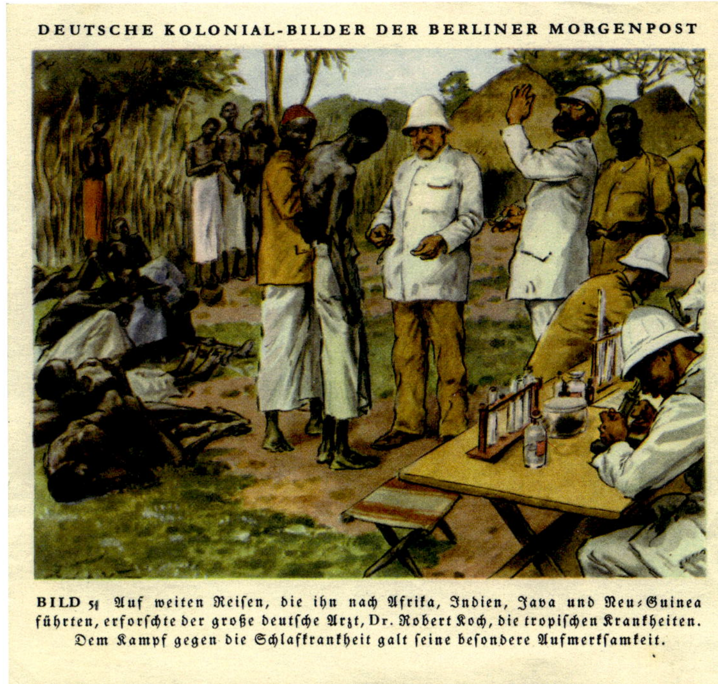

29

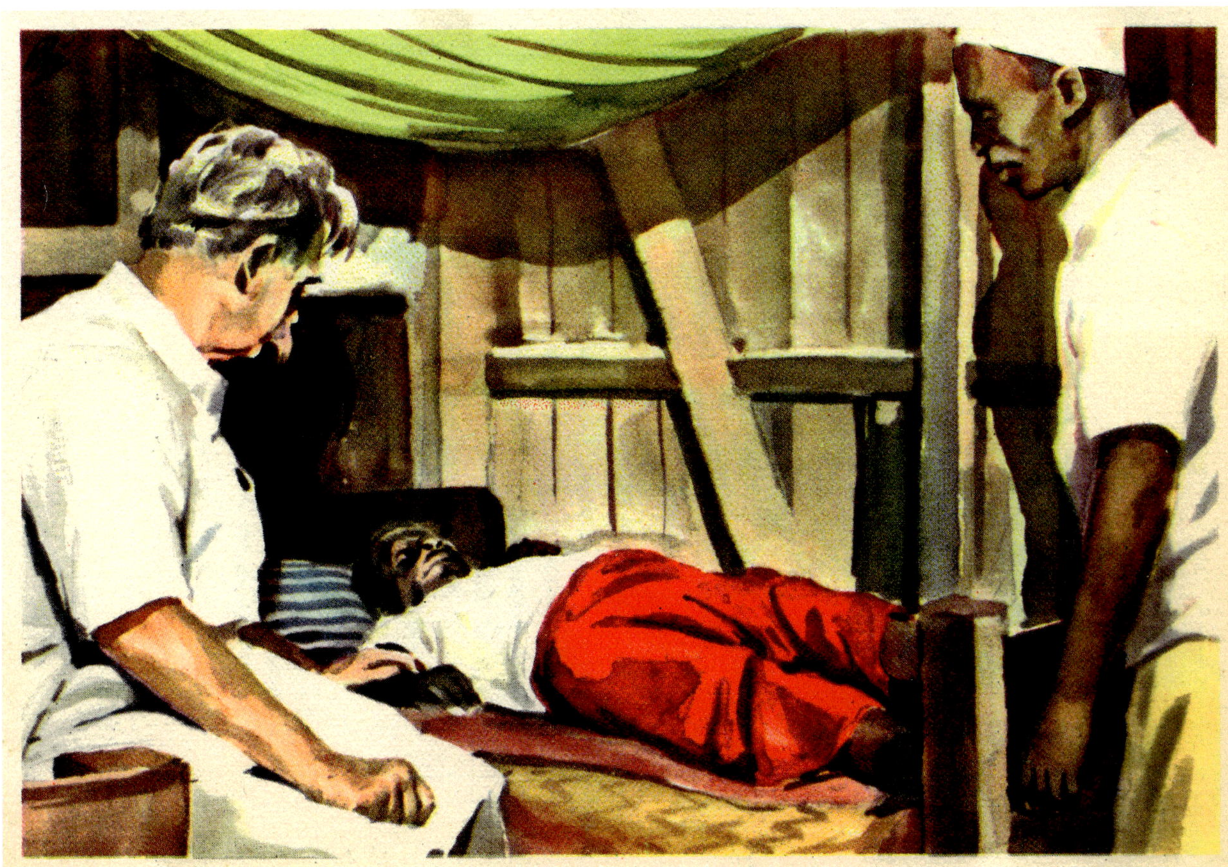

30

the Director
EXTRACTUM CARNIS LIEBIG
MANUFACTURED BY
LIMITED
LONDON
TRADE MARK
GENERAL DEPOT, ANTWERP
M. C.

Kolonialwaren – Exotik und Rasse konsumieren

Der rasante Anstieg der Warenproduktion und des Massenkonsums in der nördlichen Hemisphäre um 1900 brachte auch eine Werbeindustrie hervor, die sich besonders des Fremden und Exotischen als Blickfang bediente, um die Kauflust der Konsumenten zu steigern. Es galt, den Wert des Massenproduktes durch Kombination mit dem Außergewöhnlichen zu heben, eine Strategie, die heutzutage Imagepflege genannt wird.

Das Exotische wurde meist in Gestalt des Schwarzen personifiziert. »Mohren« und »Neger« – als Stereotype nahezu in jedem Kontext einsetzbar – gehörten zu den beherrschenden Figuren der populären Bilderkunst der damaligen Zeit. Die Gebrauchsgraphiker kreierten »Negerkinder« mit großen Kulleraugen, orientalisch aufgemachte »Tabakmohren«, schwarze Diener, den Mokkakaffee servierend, »Eingeborene« bei der Produktion oder Präsentation typischer Kolonialprodukte und andere – meist grinsende – Schwarze, die ihre dunkle Haut zu Markte tragen. Am bekanntesten sollte später in Deutschland der »Sarotti-Mohr« werden. Die Figur des niedlichen »Kind-Negers« hatten viele Deutsche »zum Fressen gern«. Später kam mit der Süßware des »Mohrenkopfs« der »essbare Andere« auf den Tisch.

Der sich exotisch gebende Kolonialismus wollte den Anderen eben nicht nur ausbeuten, sondern ihn auch noch genießen. Exotik und Kolonialprodukte zu konsumieren hieß für den weißen Verbraucher, die Unterwerfung der Kolonialvölker zu internalisieren.

1. bis. 6. Das Exotische wurde in einigen Fällen zu Werbezwecken unmittelbar an das Kolonialwaren produzierende oder vertreibende Unternehmen gebunden. Es fand Eingang in das Firmensignet, in den Firmen- bzw. Produktnamen, oder es kam zur Schöpfung einer eigenen Werbefigur wie bei der Firma Sarotti.

1./2. »Sam, Sem, Sim, Som, Sum« aus Afrika fliegen mit dem Zeppelin nach Dresden, »Humoristische Bilder«, Schokolade und Kakao, Jordan & Timaeus, Dresden, um 1930.

3. »Sarotti's Kolonial-Chocolade«, Cacao Sarotti-Chocolade, um 1910.
Text auf der Rückseite: »Ugomeni, Station der Usambara-Eisenbahn. (…)«
Der Mann rechts im Bild ähnelt dem Sarotti-Mohr, der wenig später zum Markenzeichen der 1852 in Berlin gegründeten Schokoladen- und Pralinenfirma Sarotti wurde, in deren Stammwerk im Stadtteil

1

2

3

Tempelhof im Jahr 1910 bereits 1800 Arbeiter angestellt waren.
Die Figur des Sarotti-Mohren kreierte der Werbekünstler Julius Gipkens in den letzten Monaten des Ersten Weltkrieges. Zeigte das Bildzeichen damals noch »Drei Mohren mit Tablett«, so wurde 1922 die klassische Sarotti-Mohren-Figur ins Markenregister eingetragen. Der Sarotti-Mohr erschien fortan in unzähligen Variationen auf Schokoladenverpackungen, auf Postkarten oder Tassen; ebenso fand er als Nippesfigur seinen Weg in die Haushalte und Kinderzimmer. Er überstand sogar den Rassenfanatismus der Nationalsozialisten, die 1934 den auf den Heiligen Mauritius zurückgehenden Mohrenkopf aus dem Coburger Stadtwappen eliminierten.
Heute gehört Sarotti zur Stollwerk-AG. Deren Marketing-Experten verpassten im Jahr 2004 den Produkten der Marke Sarotti ein neues Logo, um sie für die globale Vermarktung fit zu machen. Heute ziert nicht mehr der kleine Sarotti-Mohr, sondern ein Magier, der mit Sternen jongliert, die Verpackungen. Dies kann wohl vor allem als eine Reaktion auf die anhaltende Kritik gesehen werden, die Mohren-Figur verkörpere das rassistische Stereotyp des »dienstbaren Negers«, das Bild vom Afrikaner als subalternem Wesen. Schließlich sind ja auch die Bezeichnungen »Negerküsse« und »Mohrenköpfe« obsolet geworden.

4

5

6
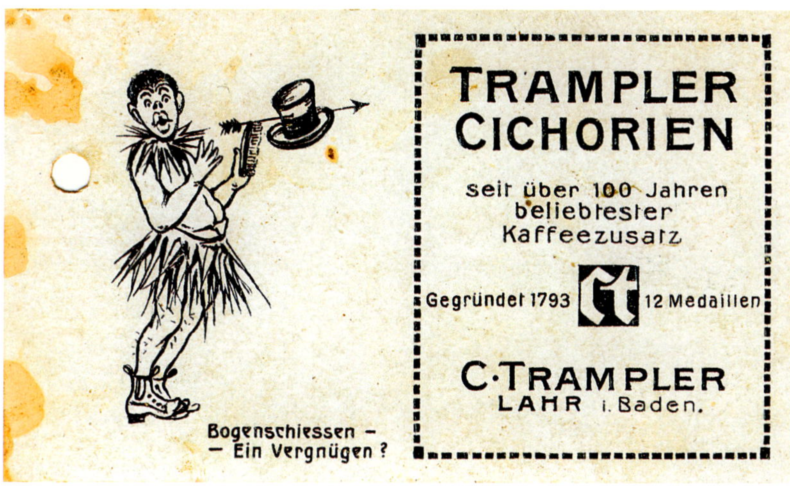

4. Mohren-Cacao, A. L. Mohr Actien-Gesellschaft Altona-Bahrenfeld (Margarine), vor 1914.
Die Margarinefabrik Mohr setzte zu Werbezwecken sogar »waschechte Mohren« ein, die die Aufgabe hatten, bei Straßenaktionen kleine Musterpackungen der »Mohra«-Margarine zu verteilen.

5. Fiumaner Cacao und Chocoladen Fabrik, um 1905.

6. Trampler Chicorien, Kaffeszusatz, Lahr in Baden, um 1900.

C.H.L.GARTMANN'S
Chocolade
KULTURBILDER AUS AFRIKA
Serie 5 Bild 6

7

C.H.L.GARTMANN'S
Chocolade
KULTURBILDER AUS AFRIKA
Serie 5 Bild 5

8

C.H.L.GARTMANN'S
Chocolade
KULTURBILDER AUS AFRIKA
Serie 5 Bild 1

9

10 11

7. bis 11. Die aus einer 1810 in Altona gegründeten Konditorei entstandene Schokoladen-Firma C.H.L Gartmann legte schon um die Jahrhundertwende ihren Automaten-»Schoko-Rollen« Sammelbilder bei.

7. bis 9. »Kulturbilder aus Afrika«, C.H.L. Gartmann's Chocolade, um 1915.
Bild 9 gehört zu jenen Darstellungen, die zeigen, wie sehr der Kolonisierende der Kolonie seinen Stempel der Zivilisation aufgedrückt hat. In seinem Selbstverständnis hat er, der »weiße Mann«, Ordnung in das »Chaos« gebracht, da er doch nun ein funktionierendes Polizeiwesen dort eingeführt habe. Der Polizist als Respektsperson, vor dem die Leute strammstehen, transportiert den Untertanengeist der wilhelminischen Kaiserreichs nach Übersee. Man kann dieses Bild auch als versteckte Kritik an den Verhältnissen im Deutschen Reich betrachten.

10. »Der Nutzen der Giraffe«, C.H.L. Gartmann's Chocolade, um 1915.

11. C.H.L. Gartmann's Chocolade, um 1915.

12. Ribot's Universal Carnaubaseife, Schwabach, um 1900.

13. »Transport d'Extrait de Viande«, Extrait de viande de la Cie. Liebig (Fleisch-Extract), 1925.

14. Das Deutsche Kolonialhaus Berlin (Kolonialwaren), um 1900.
Das 1896 gegründete Deutsche Kolonialhaus mit seiner Zentrale in Berlin vertrieb sämtliche Artikel der Kolonialwarenbranche, soweit sie aus den deutschen Überseegebieten bezogen wurden. Der selbstgestellte Auftrag lautete, »die Erzeugnisse der deutschen Schutzgebiete unter zuverlässiger Kontrolle ihrer Echtheit dem deutschen Publikum nahe zu bringen und den deutschen Markt auf diese Weise nach und nach von dem Import fremder Kolonialerzeugnisse immer mehr unabhängig zu machen«. Um die Echtheit zu garantieren, wurde in der Werbung stets darauf verwiesen, dass der Vertrieb »unter Aufsicht der Deutschen Kolonialgesellschaft« erfolge. Zur Palette der klassischen Kolonialprodukte zählten Kaffee, Kakao, Pralinen, Tee, Kokosnussmakronen, Tabak, Erdnuss-Speiseöl, Kokosnussfett und Gewürze. Neben den Lebensmitteln, die das Hauptgeschäft ausmachten, wurden auch Ethnographica und sogenannte Galanteriewaren angeboten, denn mit der Exotik kolonialisierter Völker ließen sich gute Umsätze machen. Wie kein Zweites hat das Deutsche Kolonialhaus zur Verbreitung »deutscher Kolonialwaren« beigetragen.

15. »Warum Kolonien?«, Deutsche Kolonial-Bilder der Berliner Morgenpost, 1941.
Am Ende des 19. Jahrhunderts wurden überall im Deutschen Reich »Kolonialwarenläden« gegründet. Noch heute existiert diese Bezeichnung versteckt im Namen der Edeka-Gruppe fort, der 1898 als Abkürzung für die »Einkaufsgenossenschaft der Kolonialwarenhändler im Halleschen Torbezirk zu Berlin« entstand.

12

13

Eingetragene Schutzmarke.
Deutsches Kolonialhaus
Bruno Antelmann
Berlin
Eingetragene Schutzmarke
G. m. b. H. Nr. 130
Deutsches Kolonialhaus
Bruno Antelmann
Hoflieferant.
Berlin, Jerusalemerstrasse 28. W. Schillstrasse 16.
Wiesbaden, Grosse Burgstr. 13.
An 300 Verkaufsstellen über ganz Deutschland verbreitet.
Weitere Niederlagen werden gesucht.
Vertrieb von Erzeugnissen der deutschen Kolonien unter Aufsicht hervorragender Mitglieder der deutschen Kolonial-Gesellschaft:
Erdnuss-Tafelöl (Ost- und West-Afrika), Kakao und Schokoladen (Kamerun), Usambara-Kaffee, Vanille (Ost-Afrika), Zigarren und Zigaretten (Kamerun, Neu-Guinea und Kiautschou), Liköre und Wein (Togo, Kamerun, Neu-Guinea), Kokosnussbutter (West-, Ost-Afrika, Neu-Guinea).
Verl. u. Eigent. d. Deutschen Kolonialhauses, Berlin, C. 19.

14

DEUTSCHE KOLONIAL-BILDER DER BERLINER MORGENPOST
BILD 1 Bis zum Kriege lieferten deutsche Farmer aus unseren geraubten Kolonien viele „Kolonial-Waren" wie Bananen, Erd- und Kokosnüsse, Kaffee, Tee, Kakao und Reis, aber auch Palmöl, Pflanzenfett, Mais, Fischkonserven, dazu Wolle, Baumwolle, Sisal-Faser, Häute, Felle sowie die verschiedensten Erze und Metalle für unsere Industrie.

15

16

16. bis 19. Auf diesen Bildern steht das Kolonialprodukt selbst im Zentrum.

16. »Das Fleisch-Extract in Afrika. Die Entlöschung«, Liebig Company's Fleisch-Extract, 1891.
Das Fleischextrakt war die bekannteste Erfindung des deutschen Chemikers Justus Liebig (1803–1873). Die aus Rindfleisch gewonnene Paste wurde als »Liebigs Fleischextrakt« vertrieben. Da die Produktion in Europa zu teuer war, wurde die erste Fabrik in Fray Bentos in Uruguay errichtet, wo die Herstellung des Fleischextraktes 1866 aufgenommen wurde. Schon Ende der 70er Jahre betrug die Produktion 500 000 Kilo jährlich. Nicht zuletzt waren es die Liebig-Sammelbildchen, die dem Produkt auf den internationalen Märkten zum Durchbruch verhalfen. Fleischextrakt wurde vor allem in Haushalten der europäischen Mittelschicht konsumiert, gehörte aber auch zur Soldatennahrung während des Zweiten Weltkriegs. Selbst Afrikareisende wie Henry Morton Stanley führten Dosen mit Fleischextrakt auf ihren Expeditionen mit sich.

17

17. »Usambara. Deutsch-Ostafrika«, Perkeo Kaffee, A. Braun & Co, vor 1914.
18. Fiumaner Chocolade, um 1900.
19. Reichardt's Kakao, Hamburg-Wandsbek, um 1910.

18

19

Deutschland braucht Kolonien

OLDENKOTT

Kolonialrevisionismus – Der Kampf um den verlorenen »Platz an der Sonne«

Das Deutsche Reich musste infolge seiner Niederlage im Ersten Weltkrieg als Kolonialmacht abdanken. Die Alliierten warfen den Deutschen »Versagen auf dem Gebiete der kolonialen Zivilisation« vor und schrieben im Artikel 119 des Versailler Vertrages den Verzicht Deutschlands auf »alle seine Rechte und Ansprüche seiner überseeischen Besitzungen« fest. Das deutsche Kolonialreich lebte jedoch in der Erinnerungskultur fort und war Gegenstand nostalgischer Verklärung. Die fortan verbreitete Koloniallegende kolportierte das Bild vom patriarchalisch-strengen, aber gerechten deutschen Kolonialregiment über die »Eingeborenen« und von der erfolgreichen deutschen Kulturmission. Die deutsche Kolonialbewegung forderte lauthals die Rückgabe des »geraubten Kolonialreiches«. Nach 1933 erhoffte sich der Kolonialrevisionismus die Lösung der noch »offenen Kolonialfrage« durch die Nationalsozialisten – eine Hoffnung freilich, die enttäuscht wurde, da für die Nazis, allen voran für Adolf Hitler, die Eroberung von neuem »Lebensraum« im Osten Europas Priorität besaß.

Die Reklamesammelbilder blieben von diesem »Kolonialismus ohne Kolonien« nicht unberührt. Sie sind wesentlich politisierter als noch vor 1914, was im Besonderen für die Jahre nach 1933 zutrifft. Die Kolonialerinnerung sollte lebendig gehalten und das Thema Kolonien nicht von der politischen Agenda verschwinden. Die Bilderserien und ganze Alben verbreiteten das revisionistische Bild des besseren deutschen Kolonialherren, der den Briten und Franzosen überlegen sei, und beschworen den aus den Kolonien zu ziehenden Nutzen.

Viele der einschlägigen Reklamebilder können als Ausdruck des »kolonialen Verlustschmerzes« betrachtet werden. Schon die Titel der Sammelalben lassen die kolonialrevisionistische Tendenz unzweideutig erkennen, etwa »Deutschland braucht Kolonien« (Oldenkott, 1933). Ganz auf dieser Linie lag auch das 1936 erschienene, vom Cigaretten-Bilderdienst Dresden herausgegebene Sammelalbum »Deutsche Kolonien«. Dessen Vorwort macht deutlich, welche Erwartungen die Kolonialbewegung an den NS-Staat hatte: »Die volle Gleichberechtigung im Kreise der Völker, die der Führer Adolf Hitler zum leitenden Grundsatz der deutschen Politik erhoben hat, muß sich auf die Kolonien erstrecken. Die Rückgabe der alten deutschen Schutzgebiete ist eine Frage der nationalen Ehre.«

Die Alben vermittelten der Jugend in Deutschland nationalsozialistische Geschichtsauffassung wie das 1938 erschienene Sammelalbum des Sidol-Bilderdienstes »Deutschlands Kolonien. Ein Bildwerk vom Kampf um deutschen Lebensraum«. Es klärte seine jugendlichen Leser nicht nur über die Forderung nach kolonialer Restitution auf, sondern auch über die Geschichte als einem fortgesetzten Kampf um »Lebensraum«, den nur echtes deutsches, opferbereites Soldatentum bestehen könne. Am aggressivsten zeigt sich die Kolonialpropaganda in dem Album »Raubstaat England« des Reemtsma Cigaretten-Bilderdienstes Hamburg-Bahrenfeld (1941). Verfasst wurde das antibritische Machwerk von dem bekannten Soziologen Ernst Lewalter, der 1933 Mitglied der NSDAP geworden war. Der auflagenstarke, in Zusammenarbeit mit dem NS-Reichspropagandaministerium entstandene Band erfülle, so hieß es, »eine staatspolitisch besonders wichtige Aufgabe«.

1

1./2. »Deutschland braucht Kolonien«, Oldenkott Handelsgesellschaft, Rees, 1933.
Diese beiden Seiten des Albums enthalten die klassischen Versatzstücke, die die kolonialrevisionistische Erinnerungskultur mit dem ehemaligen Deutsch-Ostafrika in Verbindung brachte. Da sieht man Hermann von Wissmann bzw. dessen Denkmal in Daressalam, den »Begründer« der Kolonie, Carl Peters, die Steppe am Kilimandscharo (Bild 1) sowie die Massai und die »treuen Askari« (Bild 2).
Das Ende der deutschen Kolonialherrschaft bedeutete aber

2

nicht das Ende der kolonialen Fremdherrschaft für die Afrikaner. Der Völkerbund übertrug die Kolonie Deutsch-Ostafrika nach dem Ersten Weltkrieg als Mandat an Großbritannien. Sie erhielt den Namen »Tanganyika Territory«. Ruanda und Urundi (Burundi) wurden Belgien zugesprochen; das Kionga-Dreieck im Süden des Rovuma kam unter portugiesische Mandatsverwaltung. Erst 1961 erlangte das Land seine Unabhängigkeit. 1962 wurde die »Republik Tanganjika« gegründet. 1964 erfolgte die Vereinigung mit dem Inselstaat Sansibar zur »Vereinigten Republik von Tansania«.

3. bis 5. »Bilder aus den Deutschen Kolonien«, Bd. I, Sammelalbum, Onno Behrends Tee Import, Norden, 1933.
3. Cover des Sammelalbums.
4. »Festung und Kirche von Keetmanshoop«.
5. »Deutsche Schutztruppe auf Kamelen vor Keetmannshoop«.

3

Festung und Kirche von Keetmanshoop

61

Keetmanshoop ist der wichtigste Ort des Südens unserer Kolonie Südwest. Schon 1866 wurde hier eine Station der rheinischen Mission gegründet, die nach dem damaligen Präses der Gesellschaft, Keetman, ihren Namen erhielt. 1895 wurde die Festung und die große Kirche erbaut, und 1908, mitten im Hottentottenaufstand, erreichte die von Lüderitzbucht ausgehende Südbahn den Ort, der damit die langersehnte Bahnverbindung zur Küste erhielt. Alle Militär- und Munitionstransporte mußten bis dahin mit Ochsenwagen die Namibwüste durchqueren, wobei Tausende von Ochsen durch Wassermangel und Überanstrengung eingingen. Während des Hottentottenaufstandes spielte Keetmanshoop für die im Süden operierenden deutschen Abteilungen eine große Rolle.

4

Deutsche Schutztruppe auf Kamelen vor Keetmanshoop

62

Keetmanshoop hatte im Orlog (Hottentottenaufstand) eine große Bedeutung. Da es — durch den Unverstand der Mitglieder des damaligen Reichstages — zu Anfang dieses Aufstandes (1904) keine Bahn gab, sind viele Millionen Mark für Transportmittel ausgegeben worden, bis endlich die Bahn Lüderitzbucht—Keetmanshoop fertig war. Hier auf dem Bilde sehen wir, daß unsere braven Schutztruppen sogar im Reiten auf Kamelen ausgebildet wurden. Es war im nahen Kampfgebiet der großen und kleinen Karrasberge ein schweres Kämpfen, da sich der rotgelbhäutige Hottentotte mimikryartig der rotgelben Umgebung anpassen konnte und von unseren Soldaten schlecht gesehen wurde. Viele deutsche Helden sind hinterrücks erschossen worden.

5

6

6./7. »Bilder aus den Deutschen Kolonien«, Bd. II, Sammelalbum, Onno Behrends Tee Import, Norden, 1934.
6. Cover des Sammelalbums.
7. »Im Frieden und im Kriege II« (Albumseite mit einer Bildserie).

7

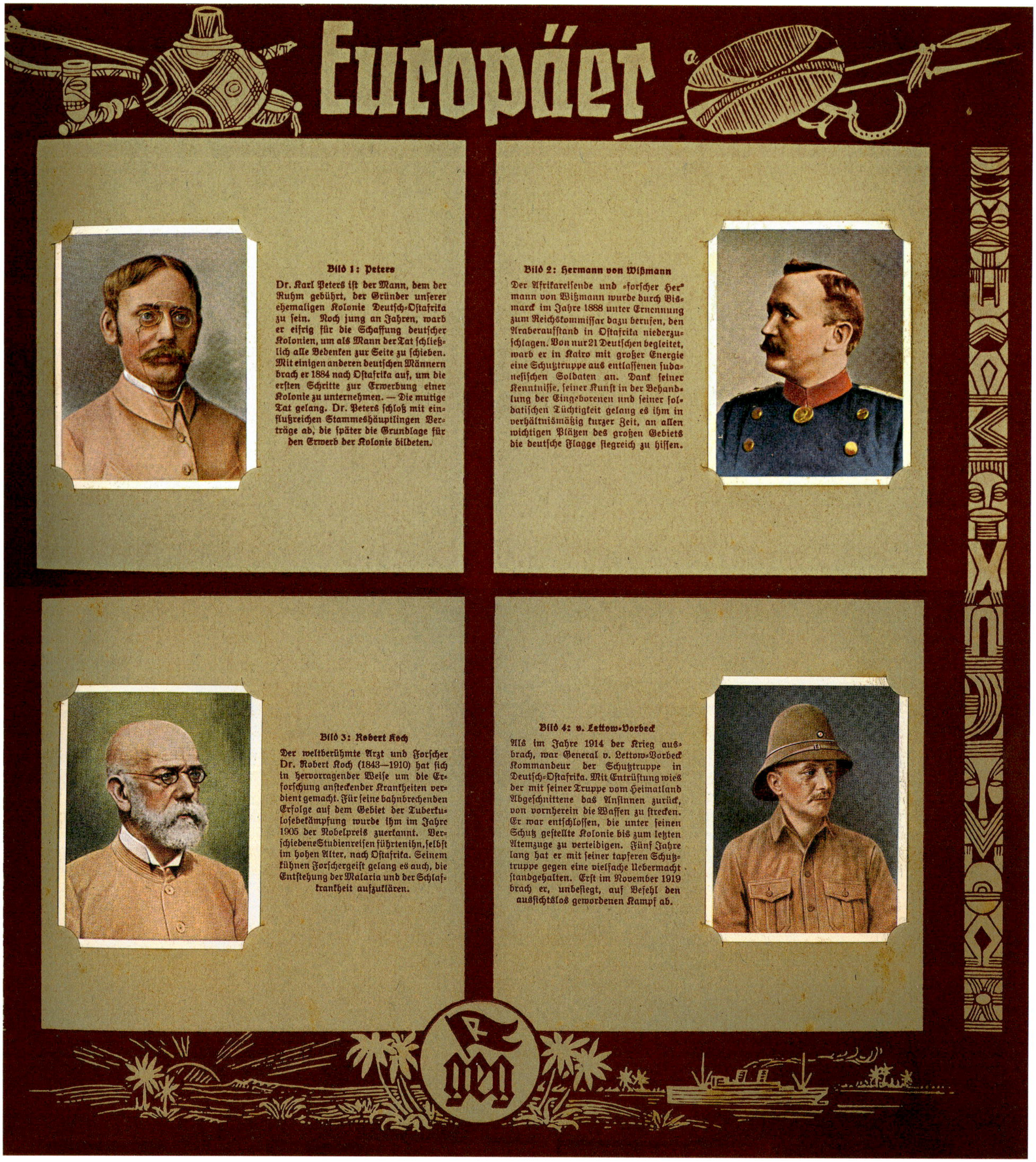

8

8. bis 10. »Europäer«, »Schutztruppe«, »Eingeborene«, Seiten aus dem Album »Das Kolonial Jubiläums-Jahr«, Großeinkaufsgenossenschaft Hamburg, 1934.

8. »Europäer«.
9. »Schutztruppe« (Ausschnitt).
10. »Eingeborene«(Ausschnitt).

Schutztruppe
Bild 13: Enthüllung des Wißmann-Denkmals
Ein großer Tag in Daressalam, dem Gedenken an
Hermann von Wißmann gewidmet. Dieser kühne
Forscher, Sieger im Aufstand der arabischen Sklaven-
händler und später Gouverneur von Deutsch-Ost-
afrika, war 1905 gestorben. Unendlich viel hat dieser
tatkräftige Mann für Deutsch-Ostafrika geleistet.
Deshalb ehrte man sein Andenken durch Errichtung
eines Denkmals, das jetzt in Hamburg vor der
Universität steht. Unsere Darstellung zeigt die feier-
liche Enthüllung dieses Standbildes in Daressalam.
Bild 14: Paradetag bei der Schutztruppe
Auf der Freitreppe des Kasinos in Daressalam
nehmen sie die Parade ab — der Gouverneur und
der Kommandeur der Schutztruppe, umgeben von
den höheren Offizieren und Beamten, alle in der
kleidsamen Tropentracht. Der Gouverneur ist an
seinem Tropenhelm erkenntlich, neben ihm steht der
Kommandeur mit dem charakteristischen Hut der
Schutztruppe. Die schwarzen Soldaten geben einen
Beweis ihres Könnens — das haben deutsche Männer
in mühevoller Erziehungsarbeit fertiggebracht!

9

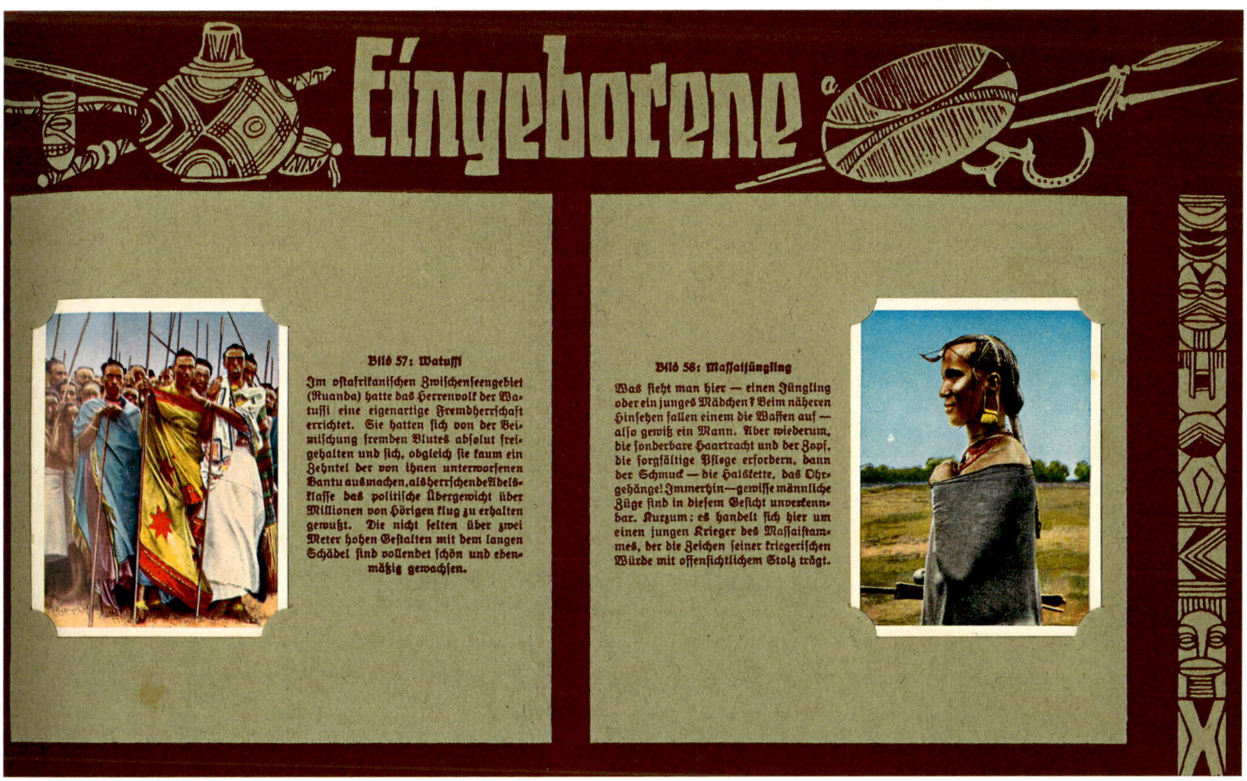
Eingeborene
Bild 57: Watussi
Im ostafrikanischen Zwischenseengebiet
(Ruanda) hatte das Herrenvolk der Wa-
tussi eine eigenartige Fremdherrschaft
errichtet. Sie hatten sich von der Bei-
mischung fremden Blutes absolut frei-
gehalten und sich, obgleich sie kaum ein
Zehntel der von ihnen unterworfenen
Bantu ausmachen, als herrschende Adels-
klasse das politische Übergewicht über
Millionen von Hörigen klug zu erhalten
gewußt. Die nicht selten über zwei
Meter hohen Gestalten mit dem langen
Schädel sind vollendet schön und eben-
mäßig gewachsen.
Bild 58: Massaijüngling
Was sieht man hier — einen Jüngling
oder ein junges Mädchen? Beim näheren
Hinsehen fallen einem die Waffen auf —
also gewiß ein Mann. Aber wiederum,
die sonderbare Haartracht und der Zopf,
die sorgfältige Pflege erfordern, dann
der Schmuck — die Halskette, das Ohr-
gehänge! Immerhin — gewisse männliche
Züge sind in diesem Gesicht unverkenn-
bar. Kurzum: es handelt sich hier um
einen jungen Krieger des Massaistam-
mes, der die Zeichen seiner kriegerischen
Würde mit offensichtlichem Stolz trägt.

10

11

11./12. »Deutsch-Ostafrika«, Seite und Ausschnitt aus dem Album »Deutsche Kolonien«, Cigaretten-Bilderdienst Dresden, 1936.
Über den Zweck dieses Sammelalbums mit 270 kleinformatigen Bildern (Bild 12 in Originalgröße) heißt es im Textteil abschließend: »Das deutsche Volk kann und will sein gutes Recht auf die Kolonien nicht aufgeben (…). Je mehr wir aber hoffen, daß wird das geraubte Gut zurückerhalten, um so notwendiger ist es, alle Deutschen immer wieder an unsere Kolonien zu erinnern.«

13. »Weltkrieg 1914/18. Der Krieg in den Kolonien«, Album, Immalin-Werke Mettmann (Putzmittel), um 1940.

12

Serie III, Bild 2: Hafen Swakopmund, „Der Ausgang der Otawi-Bahn".
Original: Heeresarchiv Potsdam 15378

Serie III, Bild 3: Lüderitzbucht, „Der Hafen im Süden der Kolonie".
Original: Heeresarchiv Potsdam 15397

Bald nach Ausbruch des Krieges drang eine sehr gut ausgerüstete Truppe der benachbarten afrikanischen Union in Stärke von 70 000 Mann von Lüderitzbucht, Walfischbucht, vom Oranje im Süden und von Rietfontain im Osten in die Kolonie ein. Oberst v. Heydebreck, und nach seinem Tode Major Franke, hatte 5000 Soldaten, wovon nur durchschnittlich 3000 zur fechtenden Truppe gehörten.
Die größte Gefahr drohte zunächst im Süden. Hier stieß die Kolonie mit dem Gebiet der englischen Kapkolonie zusammen. Mitte September überschritten berittene englische Kolonnen den Oranjefluß bei Ramansdrift und besetzten die Wasserstelle bei Sandfontain. Von allen Seiten drangen kleine deutsche Abteilungen gegen den Feind vor,

Serie III, Bild 4: Windhuk, die Hauptstadt der Kolonie.
Original: Heeresarchiv Potsdam 23419

Serie III, Bild 5: Im Dornbusch lagernde Reiterpatrouille.
Original: Heeresarchiv Potsdam 15384

13

13

14./15. »Unsere Kolonien«, Kaiser's Wochenkalender 1938.
Neben den Reklamesammelbildern und den dazugehörigen Alben gab es diesem Genre verwandte Wochenkalender mit kolonialen Motiven, wie der hier gezeigte aus dem Jahr 1938. Auf dem abgebildeten Kalenderblatt kann man gut die Verschränkung militaristischer, kolonialrevisionistischer und nationalsozialistischer Ideologie sehen. So firmieren in dieser Februarwoche des Kolonialkalenders als »Gedenktage« die Schlacht von Verdun (1916), der Todestag Horst Wessels (1930) und das Datum der Unterzeichnung der Kongo-Akte (1885), mit der Afrika in europäische Einflussbereiche aufgeteilt wurde.

14

16. Deutsche Kolonial-Bilder der Berliner Morgenpost (Umschlag), 1941.

17. »Nationalsozialismus und Kolonien«, Deutsche Kolonial-Bilder der Berliner Morgenpost, 1941.

16./17. Die 1941 herausgegebene Bildersammlung dürfte eine der letzten ihrer Art gewesen sein. Die fast quadratischen, 14,3 mal 13,9 Zentimeter großen Sammelbilder dienten der Zeitung als zusätzliche Werbung. Das Bildbeispiel zeigt Schüler der Deutschen Kolonialschule in Witzenhausen, die junge Männer fachlich und charakterlich auf das Leben in den Kolonien vorbereiten sollte.

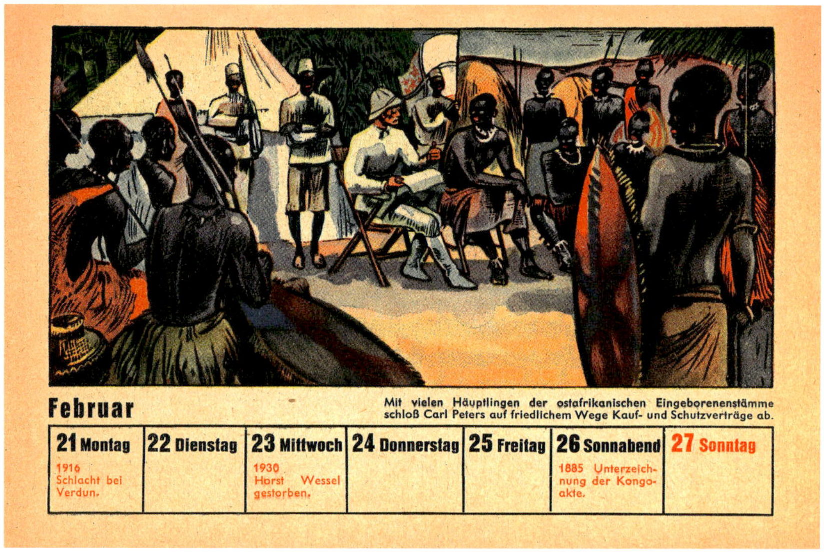

15

18. »Niemals vergessen. Gedenkmarken zur Trauer für die 19 Deutschland geraubten Gebiete«, 30er Jahre.
Den Sammelbildern mit kolonialrevisionistischen Inhalten sind diese Briefmarken verwandt. Abgesehen von den ehemaligen deutschen Kolonien werden darauf auch diejenigen Gebiete wie Elsass, Lothringen, Posen, Schleswig oder Memelland aufgeführt, die das Deutsche Reich durch den Vertrag von Versailles (1919) hatte abtreten müssen.

16 17

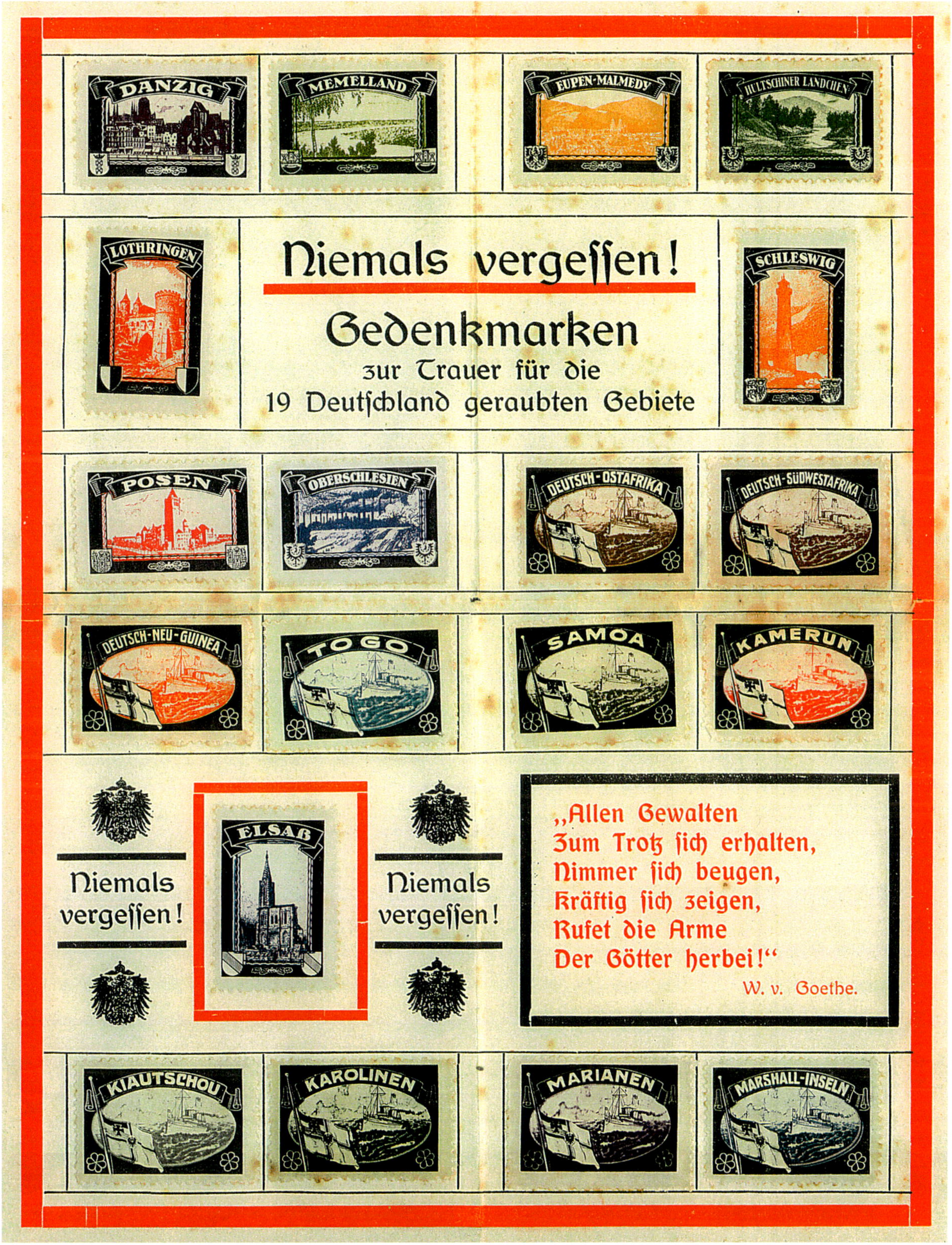
DANZIG
MEMELLAND
EUPEN-MALMEDY
HULTSCHINER LÄNDCHEN
LOTHRINGEN
Niemals vergessen!
Gedenkmarken
zur Trauer für die
19 Deutschland geraubten Gebiete
SCHLESWIG
POSEN
OBERSCHLESIEN
DEUTSCH-OSTAFRIKA
DEUTSCH-SÜDWESTAFRIKA
DEUTSCH-NEU-GUINEA
TOGO
SAMOA
KAMERUN
Niemals vergessen!
ELSAß
Niemals vergessen!
„Allen Gewalten
Zum Trotz sich erhalten,
Nimmer sich beugen,
Kräftig sich zeigen,
Rufet die Arme
Der Götter herbei!“
W. v. Goethe.
KIAUTSCHOU
KAROLINEN
MARIANEN
MARSHALL-INSELN

19. bis 26. »Raubstaat England«, Reemtsma, Cigaretten-Bilderdienst Hamburg-Bahrenfeld, 1941.

19. Cover des Albums, das der Soziologe Ernst Lewalter in Zusammenarbeit mit dem NS-Propagandaministerium verfasste. Es unterscheidet sich von anderen Kolonialsammelalben durch seinen ausgesprochen hetzerischen Ton. Die darin enthaltene Kolonialkritik richtet sich allerdings nicht gegen den Kolonialismus als solchen, sondern nur gegen den Imperialismus vor allem der Briten, aber auch der Franzosen. Hintergrund für dieses Propagandawerk dürften wohl die 1940/41 endgültig gescheiterten Bemühungen des »Dritten Reiches« gewesen sein, mit Großbritannien eine Verständigung zu erzielen.

20. »Deutscher Kolonialbesitz vor dem Kriege«.
Die Karte zeigt noch einmal die ehemaligen deutschen Kolonien. Im Deutschen Reich machte man vor allem Großbritannien dafür verantwortlich, dass man im Versailler Vertrag den Verzicht auf alle Kolonien hatte erklären müssen.

21. »England und Frankreich teilen sich die Welt«.
Das kritische Bild täuscht insofern, als die Deutschen gar nichts dagegen hatten, die Welt aufzuteilen. Man wollte nur selbst dabei angemessen zum Zuge kommen.

22. »Praktisches Christentum«.

23. »Auf einem Sklavenschiff«.
Mit dem Verweis auf die Beteiligung am transatlantischen Sklavenhandel sollte Großbritannien als Kolonialmacht diskreditiert werden.

24. »Barbarische Methoden in Westindien«.
Hier werden die Gewaltexzesse der britischen Kolonialherrschaft kritisiert. Die von den Deutschen selbst begangenen Verbrechen werden verschwiegen, wie die Deutschen als die »besseren Kolonisatoren« gerühmt werden.

25. »Englands Rache an Indien«.
Bildtext: »Dieses Foto von 1857 (...) zeigt die Methoden, mit denen die englischen Behörden nach der Niederwerfung des Sepoy-Aufstandes vorgingen. Die Hinrichtungen von Eingeborenen geschah ganz summarisch und wahllos (...).«

26. »Hinrichtung aufständischer Sepoys«.
Bildtext: »Für die Vollstreckung der massenhaften Todesurteile an den aufständischen indischen Soldaten erfanden die englischen Offiziere eine neue Hinrichtungsart: Die Verurteilten wurden vor die Kanonen gebunden und so! in die Luft geblasen!«

19

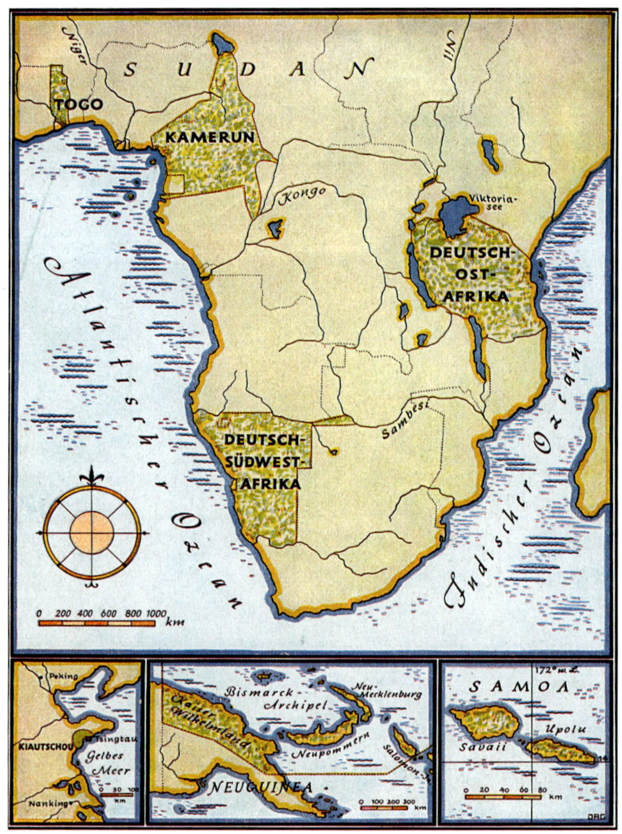

20

England und Frankreich teilen sich die Welt

Dabei ist es für den englischen Zeichner Gillray selbstverständlich, daß England (Pitt der Jüngere) den größeren Teil erhält, während sich Frankreich (Napoleon I.) mit Europa begnügen muß.

21

Praktisches Christentum

22

Auf einem Sklavenschiff

Gegen die unwürdige, vielfach sadistischen Gelüsten entspringende Behandlung der Negersklaven regte sich selbst in England schließlich die Empörung. Doch die Vorkämpfer für Abschaffung des Sklavenhandels konnten ihr Ziel erst erreichen, als die Sklavenwirtschaft unrentabel wurde (1833).

23

Barbarische Methoden in Westindien

Im englischen Unterhaus war 1797 zur Sprache gekommen, daß ein englischer Sklavenhalter einen wegen Krankheit arbeitsunfähigen Neger dreiviertel Stunden lang in einen mit kochendem Zuckersaft gefüllten Kessel gesteckt hatte. Zeichnung des Engländers James Gillray.

24

25

26

27

November
14 Montag
15 Dienstag
16 Mittwoch
17 Donnerstag
18 Freitag
19 Sonnabend
20 Sonntag
1917 Tankschlacht bei Cambrai
Verlassen von Land und Volk, vertrieben von Haus und Hof, erwarten deutsche Farmer den Abtransport in eine dunkle Zukunft.

28

27. »Siedlers Anfang in der neuen Heimat«, aus der Serie »Wert und Schönheit der Deutschen Kolonien«, Echter Andre Hofer Feigenkaffee, 1937.
Text auf der Rückseite: »Deutscher Wagemut und deutsche Arbeit wurden Jahrhunderte lang an die Welt verschwendet, und die Welt wußte uns wenig Dank dafür. Erst mit Beginn der deutschen kolonialen Zeit war es möglich, den nach Übersee Strebenden zu unseren eigenen Kolonien hinzulenken und ihn und seine Arbeit der Heimat unmittelbar zu erhalten. (…)«
Der Text verschweigt, dass die afrikanischen Kolonien des Deutschen Reiches für eine Massenansiedlung von weißen Siedlern gänzlich ungeeignet waren. Die deutschen Auswanderungsströme führten im 19. und Anfang des 20. Jahrhunderts denn auch in ihrer weitaus überwiegenden Mehrheit nach Nordamerika.

29

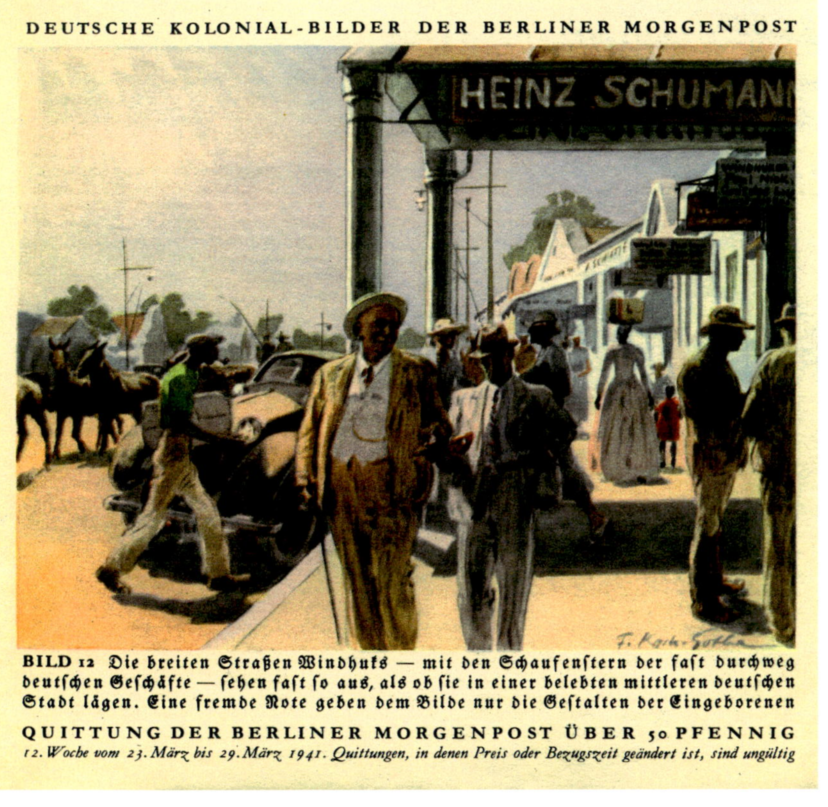

30

28. »Unsere Kolonien«, Kaiser's Wochenkalender 1938. Repatriierung.
Nach dem verlorenen Ersten Weltkrieg mussten alle deutschen Siedler – bis auf diejenigen aus Deutsch-Südwestafrika – auf Anweisung der neuen Mandatarmächte die Kolonien verlassen.

29. »Windhuk, Hauptstadt von Deutsch-Südwestafrika«, aus der Serie »Wert und Schönheit der Deutschen Kolonien«, Echter Andre Hofer Feigenkaffee, 1937.

30. »Windhuk – die Stadt der Deutschen«, Deutsche Kolonial-Bilder der Berliner Morgenpost, 1941.

29./30. Sehnsüchtiger Blick zurück auf die Spuren, die die Deutschen in Südwestafrika hinterlassen haben.
Von den rund 13 000 Deutschen, die vor 1914 in der Kolonie gelebt hatten, war nur etwa die Hälfte nach dem Ende des Ersten Weltkrieges repatriiert worden. Zu einer Veränderung der demographischen Struktur kam es aber vor allem durch die nach 1918/19 verstärkt einsetzende Einwanderung von Buren aus Südafrika. Dadurch wurden die »Südwester-Deutschen« fortan zu einer nur noch geduldeten Minderheit unter den Weißen. Die deutsche Siedlergesellschaft versuchte sich gegenüber der südafrikanischen Mandatsverwaltung als ethnische Gruppe zu behaupten, wie sie am kolonialen Revisionsgedanken festhielt.

31. »Kameruner Bananen«, Deutsche Kolonial-Bilder der Berliner Morgenpost, 1941.
Einige ehemalige Siedler hatten ab Mitte der 20er Jahre mit staatlicher Unterstützung ihre Plantagen in Kamerun zurückerworben und betrieben regen Handel vor allem mit Bananen. »Deutsche Kamerun-Bananen« wurden zu einem Symbol für deutsche Kolonialwaren.

32. »Blick auf den Hafen von Daressalam«, aus der Serie »Wert und Schönheit der Deutschen Kolonien«, Echter Andre Hofer Feigenkaffee, 1937.
Text auf der Rückseite: »Durch eine schmale Fahrrinne gleitet das Schiff vorbei an Korallenriffen und kleinen Inseln in den wunderschönen Hafen von Daressalam. (…) Hier lag im August 1914 der kleine Kreuzer ›Königsberg‹, ehe er seiner Kriegsorder gemäß, zur Kaperfahrt auslief, vor Sansibar den englischen Kreuzer ›Pegasus‹ vernichtete und dann im Delta des deutsch-ostafrikanischen Rufisiflusses nach heldenhaftem Kampf einer vielfachen Übermacht erlag. Und hier im Hafen von Daressalam war es wiederum, wo nach Kriegsende unsere Eingeborenen dem Schiff der vertriebenen Kolonialdeutschen nachriefen: ›Kwa heri ya kuonana! Lebt wohl, auf Wiedersehen!‹«

33. »Glückliche Menschen in den Kolonien, ein deutsches Verdienst«, aus der Serie »Wert und Schönheit der Deutschen Kolonien«, Echter Andre Hofer Feigenkaffee, 1937.
Anmaßender als dieser Bildtext kann man das Selbstverständnis der Kolonialherren kaum formulieren. Und das 30 Jahre nach dem Ende des Maji-Maji-Krieges in Deutsch-Ostafrika und dem Vernichtungskrieg gegen die Herero und Nama in Deutsch-Südwestafrika, in denen Zehntausende Afrikaner von »ihren« Kolonialherren getötet worden waren.

34. »Schule der Eingeborenen in Kamerun«, aus der Serie »Wert und Schönheit der Deutschen Kolonien«, Echter Andre Hofer Feigenkaffee, 1937.
In den Texten der Bilder aus dieser Serie wird immer wieder die vermeintliche Anhänglichkeit der afrikanischen Bevölkerung zu »ihren« vormaligen deutschen Kolonialherren thematisiert. Die Deutschen attestierten sich hier, die besten und gerechtesten Kolonisatoren gewesen zu sein.

31

32

33

34

35

35. »Das Heldenlied von Deutsch-Ostafrika«, Deutsche Kolonial-Bilder der Berliner Morgenpost, 1941.
Das Bild zeigt Paul von Lettow-Vorbeck und seine »treuen Askari« im Erster Weltkrieg. Askari waren Söldner afrikanischer Herkunft, die bei der »Kaiserlichen Schutztruppe« bzw. deren Vorgänger, der sogenannten Wissmann-Truppe, in der Kolonie Deutsch-Ostafrika gedient haben. Während des Ersten Weltkriegs, als Paul von Lettow-Vorbeck das Oberkommando der deutschen Truppen in Deutsch-Ostafrika innehatte, trugen die Askari-Einheiten die Hauptlast im Kampf gegen die alliierten, vor allem die britischen Truppen. Die Zahl der zu der »Schutztruppe« gehörenden Askari schwankte während der vier Kriegsjahre: Neben den etwa 3600 Deutschen zählte man zeitweise mehr als 13 000 Askari und afrikanische Träger. Von Letzteren waren allerdings nur die 1909 eingeführten sogenannten Kompanieträger Angehörige der »Schutztruppe«, von denen es pro Kompanie ungefähr 50 gab. Diese Männer hatten eine militärische Ausbildung erhalten, trugen eine Uniform und waren bewaffnet. Sie wurden vor allem zum Transport der Maschinengewehre und der Reservemunition eingesetzt. Alle übrigen Träger übten diese Tätigkeit gewerbsmäßig aus oder wurden von der »Schutztruppe« zwangsverpflichtet.

36

In den 20er und 30er Jahren, als die Kolonialbewegung in Deutschland für die Rückgabe des »geraubten deutschen Kolonialreiches« eintrat, entstand der Mythos vom »treuen Askari«. Obgleich eine große Zahl von schwarzen deutschen Kolonialsoldaten (und Trägern) desertiert war, verbreitete die Kolonialpropaganda das Bild des seinem deutschen Herrn treu ergebenen Askari. Die »Treue der Askari« im Ersten Weltkrieg beschwor unter anderem auch Paul von Lettow-Vorbeck in seinem in vielen Auflagen erschienenen Erinnerungsbuch *Heia Safari*. Einige wenige ehemalige Askari lebten nach 1919 in Deutschland, wo sie vor allem für die koloniale Revisionspolitik eingespannt wurden. Sozusagen zur lebenden Kolonialpropaganda und damit zum Emblem kolonialer Nostalgie geworden, personifizierten sie in den Augen der Deutschen die »glorreiche« koloniale Vergangenheit und die Hoffnung auf den Rückerwerb des ehemaligen Kolonialreiches.

37

36. »1. Marine- und Kolonialkriegertag in Leipzig. Askaris im Festzug«, Weber Braunschweig (Parfümerie), um 1935.
Ein sehr seltenes Bilddokument: »Black face« in der Kolonialpropaganda. Standen keine »echten« Askari zur Verfügung, bediente man sich für solche Aufmärsche weißer Deutscher, die schwarz geschminkt wurden.

37. »Wie die anderen kolonisierten«, Deutsche Kolonial-Bilder der Berliner Morgenpost, 1941.
Antifranzösische Propaganda, die geißelte, was man selbst getan hatte und nach dem Krieg nicht wahrhaben wollte: die teilweise gewalttätige Anwerbung »farbiger« Söldner.

38 39

38. »Das Kolonial Jubiläums-Jahr«, Großeinkaufsgenossenschaft Hamburg, 1934. Titelblatt mit dem Wissmann-Denkmal in Hamburg.
Das 1909 in Daressalam errichtete, nach dem Ersten Weltkrieg von der englischen Mandatsmacht demontierte und 1922 in Hamburg erneut aufgestellte Denkmal des ehemaligen Reichskommissars und Gouverneurs von Deutsch-Ostafrika diente bis Anfang der 40er Jahre als Kulisse für zahlreiche Gedenkfeiern der kolonialrevisionistischen Bewegung.
1968 stürzten Studenten das Standbild Wissmanns bei einer »antiimperialistischen Aktion« vom Sockel. In den Jahren 2004 und 2005 wurde es im Rahmen einer Kunstaktion der finnischen Künstlerin Jokinen auf der Überseebrücke am Hamburger Hafen aufgestellt und war für 14 Monate der Öffentlichkeit zugänglich. Heute lagert es wieder in einem Hamburger Depot.

39. »Reiterdenkmal in Windhuk«, aus »Deutschlands Kolonien. Ein Bildwerk vom Kampf um deutschen Lebensraum«, Sammelalbum des Sidol-Bilderdienstes (Bohnerwachs), Köln 1938.
Das im Geiste der NS-Ideologie geschriebene und illustrierte Album indoktrinierte seine jugendlichen Leser mit der Forderung nach kolonialer Restitution. In dem Buchtext heißt es: »Es ist das Hohelied vom besten deutschen Soldatentum, das in uns erklingt, wenn wir vor dem Reiterdenkmal in Windhuk stehen! Das Kämpfen und Sterben, von dem es kündet, war um so reiner, weil es in der Stille und Einsamkeit der afrikanischen Steppe geschah und die Öffentlichkeit der Heimat wenig darum wußte. Was sich vollzogen hatte, war der entscheidende Kampf zweier Völker um Raum und Brot. Er mußte schicksalhaft bis zum bitteren Ende durchgefochten werden. Sein Ausgang war herbe und hart wie die Männer, deren Persönlichkeiten den Sieg über einen grausamen Feind erstritten. Und die sie führten, setzten ihr Leben heldisch dafür ein, daß die deutsche Flagge weiter über diesen Weiten wehen konnte. Die deutsche Jugend, die Gustav Frenssens wundervolles Buch ›Peter Moors Fahrt nach Südwest‹ gelesen hat, weiß, daß die Männer, die für Südwest bluteten, und die Kinder derer, die für Südwest starben, dieses Land mit heißem Herzen lieben müssen und niemals aufgeben werden!« Das Reiterdenkmal ist bis auf den heutigen Tag erhalten.

40

41

40. »Der deutsche Friedhof am Waterberg«, aus »Raubstaat England«, Reemtsma, Cigaretten-Bilderdienst Hamburg-Bahrenfeld, 1941.

41. »Der letzte Gruß«, Deutsch-Südwestafrika, Actien-Gesellschaft für automatischen Verkauf, Berlin u. a., um 1910.

40./41. Die Erinnerung an die während des Deutsch-Herero-Krieges gefallenen Schutztruppensoldaten diente der Mahnung, dass »Südwest« noch immer »deutsch« sei. Bis zum Ersten Weltkrieg war folgende Inschrift auf dem Friedhof am Waterberg zu lesen: »Wo der deutsche Aar seine Fänge in ein Land geschlagen hat, das Land ist deutsch und wird deutsch bleiben.« Dieses Inschriftenprogramm symbolisierte – über die Funktion der Friedhofsanlage als Totenmal hinaus – die Vormachtstellung der Deutschen über die Kolonie.

Bis heute stellt der Waterberg-Friedhof ebenso wie etwa das Windhoeker Reiterdenkmal oder andere historische Kolonialbauten für die Namibia-Deutschen ein Identifikationsobjekt dar. Es wird nach wie vor im Rahmen des Kriegstotenkultes zu jährlichen Kranzniederlegungen genutzt. 1984 wurde an der Umfriedungsmauer des Friedhofs eine kleine metallene Tafel mit folgender Inschrift angebracht: »Dem Andenken der in der Schlacht am Waterberg gefallenen Hererokrieger. Kameradschaft deutscher Soldaten 12–8–1984«. Kritiker monieren, dass nun zwar auch der umgekommenen Herero gedacht wird, aber die Inschrift den Völkermord an den Herero verschweigt, der sich in den Monaten nach der Waterberg-Schlacht in der Omaheke-Halbwüste ereignete.

Anmerkungen

1 Hier wird die Aufschrift (Vorderseite) der deutschsprachigen, in der Schweiz erschienenen Ausgabe zitiert; Aufschrift der hier abgebildeten französischsprachigen Edition: »L'origine de diverses colonies. Allemagne – Afrique orientale. Les Allemands prennent possession du territoire de l'Est Africain«.

2 In Anlehnung an Michael Pesek, der sich unter einer anthropologischen Perspektive zur kolonialen Herrschaft als Spektakel und Mimikry geäußert hat. Vgl. Michael Pesek: Eine Gründungsszene des deutschen Kolonialismus – Peters' Expedition nach Usagara, 1884, in: Marianne Bechhaus-Gerst/Reinhard Klein-Arendt (Hg.): Die (koloniale) Begegnung. AfrikanerInnen in Deutschland 1880–1945. Deutsche in Afrika 1880-1918, Frankfurt a. M. u. a. 2003, S. 255–267; ders.: Koloniale Herrschaft in Deutsch-Ostafrika. Expeditionen, Militär und Verwaltung seit 1880, Frankfurt a. M. 2005.

3 Vgl. dazu Mihran Dabag/Horst Gründer/Uwe-K. Ketelsen (Hg.): Kolonialismus, Kolonialdiskurs und Genozid, München 2004.

4 Obgleich die Bildwissenschaft eine noch junge Disziplin ist, sind in den vergangenen Jahren im Kontext der *visual history* eine ganze Reihe von Arbeiten zum Phänomen des visuellen Kolonialismus vorgelegt worden. Bisher noch wenig genutzte Quellenbestände der populären Massenkultur des Kolonialzeitalters werden nach und nach erschlossen, um der Stereotypenbildung und der Imagologie des »Eigenen« und des »Fremden« auf die Spur zu kommen. Abgesehen von ersten Grundlagenarbeiten zum Bild Afrikas in der westlichen Alltagskultur (vgl. u. a. Helmut Fritz: Negerköpfe, Mohrenküsse. Der Wilde im Alltag, in: Thomas Theye (Hg.): Wir und die Wilden. Einblicke in einer kannibalische Beziehung, Reinbek 1985, S. 132–142; Jan Nederveen Pieterse: White on Black. Images of Africa and Blacks in Western Popular Culture, New Haven/London 1992; Raymond Bachollet u. a.: NégriPub, l'image des Noirs dans la publicité, Paris 1994) gehören dazu Veröffentlichungen über folgende – hier schwerpunktmäßig den deutschen Kolonialismus betreffende – Bildmedien:

Missions- und Kolonialfotografie: Jutta B. Engelhard/Peter Mesenhöller (Hg.): Bilder aus dem Paradies. Koloniale Fotografie aus Samoa 1875–1925, Köln 1995; Wilhelm R. Schmidt/Irmtraud D. Wolcke-Renk: Deutsch-Südwest-Afrika. Fotos aus der Kolonialzeit 1884–1918, Erfurt 2001; Wolfram Hartmann (Hg.): Hues between Black and White. Historical Photography from Colonial Namibia 1860s to 1915, Windhoek 2004; Christiane Niggemann: Samoa 1904. Menschen, Landschaft und Kultur im Süd-Pazifik vor hundert Jahren, Fotos von Otto Tetens in Samoa 1902–1905, Göttingen 2004; Hermann J. Hiery: Bilder aus der deutschen Südsee. Fotografien 1884–1914, Paderborn u. a. 2005; Jürg Schneider/Ute Röschenthaler/Bernhard Gardi (Hg.): Fotofieber. Bilder aus West- und Zentralafrika. Die Reisen von Carl Passavant 1883–1885, Basel 2005; Günter Bernhardt: Die Ferne im Blick. Westfälisch-lippische Sammlungen zur Fotografie aus Mission und Kolonien, Westfälisches Museumsamt, Katalog hrsg. im Auftrag des Landschaftsverbandes Westfalen-Lippe, Münster 2006; Joachim Zeller: Weiße Blicke, schwarze Körper. Eine Spurensuche in rassistischen Bilddokumenten, in: iz3w. informationszentrum 3. welt, Nr. 293, Juni 2006, S. 42 f.; ders.: »Dunkle Existenzen« in Berlin. Die Präsenz Schwarzer Menschen im Spiegel weißer Ikonographien, in: Marianne Bechhaus-Gerst/Sunna Gieseke (Hg.): Koloniale und postkoloniale Konstruktionen von Afrika und Menschen afrikanischer Herkunft in der deutschen Alltagskultur, Frankfurt a. M. 2006, S. 413–441; Wulf Otte: Weiß und Schwarz – Black and White. Photos aus Deutsch-Südwestafrika / from Namibia 1896–1901, hrsg. im Auftrag des Braunschweigischen Landesmuseum, Verlag Uwe Krebs, Wendeburg 2007; Marko Frelih: Togo Album 1911–1914, Slovenski Etnografski Muzej, Ljubljana 2007 (Katalog);

Postkarten: Christraud M. Geary/Virginia-Lee Webb (Hg.): Delivering Views. Distant Cultures in Early Postcards, Washington/London 1998; Enrico Sturani: Das Fremde im Bild. Überlegungen zur historischen Lektüre kolonialer Postkarten, in: Fotogeschichte. Beiträge zur Geschichte und Ästhetik der Fotografie, Heft 79, 2001, S. 13–24; Felix Axster/Jens Jäger/Astrid Kusser: Koloniale Repräsentationen auf Bildpostkarten in Deutschland (1870–1930), in: Transkriptionen – Newsletter des Kulturwissenschaftlichen Forschungskollegs »Medien und kulturelle Kommunikation«, Nr. 6, Jan. 2006, S. 30–32; Jens Jäger: Bilder aus Afrika vor 1918. Zur visuellen Konstruktion Afrikas im europäischen Kolonialismus, in: Gerhard Paul (Hg.): Visual History. Ein Studienbuch, Göttingen 2006, S. 134–148; Astrid Kusser/Susann Lewerenz: Genealogien der Erinnerung – die Ausstellung Bilder verkehren im Kontext der Gedenkjahre 2004/2005, in: Steffi Hobuß/Ulrich Lölke (Hg.): Erinnern verhandeln. Kolonialismus im kollektiven Gedächtnis Afrikas und Europas, Münster 2007, S. 240–271;

Malerei: Joachim Zeller: Berliner Maler und Bildhauer im Dienste der Kolonialidee, in: Ulrich van der Heyden/Joachim Zeller (Hg.): Kolonialmetropole Berlin. Eine Spurensuche, Berlin 2002, S. 159–168; Sabine Wilke: Romantic Images of Africa. Paradigms of German Colonial Paintings, in: German Studies Review 29/2, 2006, S. 285–298;

Karikatur: Edward G. Norris/Arnold Beuke: Kolonialkrieg und Karikatur in Deutschland: Die Aufstände der Herero und der Nama und die Zeichnungen der deutschen satirischen Zeitschriften, in: Peter Heine/Ulrich van der Heyden (Hg.): Studien zur Geschichte des deutschen Kolonialismus in Afrika, Festschrift zum 60. Geburtstag von Peter Sebald, Pfaffenweiler 1995, S. 377–398; Markus Joch: Koloniales in der Karikatur. November 1884: Der Kladderadatsch sieht »Culturfortschritte am Congo«, in: Alexander Honold/Klaus R. Scherpe (Hg.): Mit Deutschland um die Welt. Eine Kulturgeschichte des Fremden in der Kolonialzeit, Stuttgart/Weimar 2004, S. 66–76;
Buchillustrationen: Gottfried Mergner/Ansgar Häfner (Hg.): Der Afrikaner im deutschen Kinder- und Jugendbuch: Untersuchung zur rassistischen Stereotypenbildung im deutschen Kinder- und Jugendbuch von der Aufklärung bis zum Nationalsozialismus, Hamburg 1989 (2. Aufl.);
Bildreklame: David M. Ciarlo: Visualizing Colonialism and Consuming Race in German Mass Culture, 1885–1914, unveröff. Phil. Diss., University of Wisconsin, Madison 2002; ders.: Rasse konsumieren. Von der exotischen zur kolonialen Imagination in der Bildreklame des Wilhelminischen Kaiserreichs, in: Birthe Kundrus (Hg.): Phantasiereiche. Zur Kulturgeschichte des deutschen Kolonialismus, Frankfurt a. M./New York 2003, S. 135–179; Stefanie Wolter: Die Vermarktung des Fremden. Exotismus und die Anfänge des Massenkonsums, Frankfurt a. M./New York 2005;
Plakate: Michael Scholz-Hänsel (Bearbeitung): Exotische Welten. Europäische Phantasien. Das exotische Plakat, Stuttgart 1987; Peter von Kornatzki: Pack den Tiger aufs Plakat. Zu Rolle und Funktion exotischer Zeichen in der Werbung, in: Exotische Welten 1987, S. 220–229;
Schulwandbilder: Völkerschau im Unterricht. Schulwandbild und Kolonialismus, hrsg. vom Schulmuseum Bohlenbergerfeld, Schriftenreihe des Nordwestdeutschen Schulmuseums Bohlenbergerfeld, Nr. 1, Zetel 1994 (Katalog);
Bilderbogen: Astrid Frevert/Gisela Rautenstrauch/Matthias Rickling: Kolonialismus und Darstellungen aus den Kolonien, in: Stefan Brakensiek/Regine Krull/Irina Rockel (Hg.): Alltag. Klatsch und Weltgeschichten. Neuruppiner Bilderbogen. Ein Massenmedium des 19. Jahrhunderts, Bielefeld 1993, S. 137–155;
Film: Wolfgang Fuhrmann: Propaganda, Sciences and Entertainment in German Colonial Cinematography, unveröff. Dissertation, University of Utrecht, Utrecht 2003; Tobias Nagl: »… und lass mich filmen und tanzen bloß um mein Brot zu verdienen«: Schwarze Komparsen und Kinoöffentlichkeit in der Weimarer Republik, in: Marianne Bechhaus-Gerst/Reinhard Klein-Arendt (Hg.): AfrikanerInnen in Deutschland und schwarze Deutsche Geschichte und Gegenwart, Münster 2004, S. 139–154; ders.: Die unheimliche Maschine: Rasse und Repräsentation im Weimarer Kino, München 2008.
Untersuchungen, die sich speziell den Sammelbildern mit kolonialen Motiven widmen, gibt es dagegen bislang kaum. Vgl. Dorle Weyers/Christoph Köck: Die Eroberung der Welt. Sammelbilder vermitteln Zeitbilder, Detmold 1992, S. 68 ff.; Melanie Leucht/Franz R. Menne: Konzeption und Konstruktion von Menschen afrikanischer Herkunft in Sammelbildern, in: Marianne Bechhaus-Gerst/Sunna Gieseke (Hg.): Koloniale und postkoloniale Konstruktionen von Afrika und Menschen afrikanischer Herkunft in der deutschen Alltagskultur, Frankfurt 2006, S. 285-296.

5 Vgl. zum Folgenden Detlef Lorenz: Liebigbilder. Große Welt im Kleinformat, Kleine Schriften der Freunde des Museums für Deutsche Volkskunde, Heft 3, Berlin 1980; Bernhard Jussen (Hg.): Liebig's Sammelbilder. Vollständige Ausgabe der Serien 1–1138 auf CD-Rom (Atlas des Historischen Bildwissens, 1), Berlin 2002.

6 Lorenz: Liebigbilder; ders.: Gustav Adolf Closs. Leben und Werk des Mahlers, Illustrators und Reklamekünstlers mit einem Exkurs über das Reklame-Sammelbilderwesen, München 1988; ders.: Reklamekunst um 1900. Künstlerlexikon für Sammelbilder, Berlin 2000.

7 Jussen: Liebig's Sammelbilder; ders. (Hg.): Reklame-Sammelbilder. Bilder der Jahre 1870–1970 mit historischen Themen in Deutschland, CD-Rom-Edition (Atlas des Historischen Bildwissens, 2), Berlin 2008. Vgl. dort die weiterführende Literatur.

8 Zum Forschungsvorhaben von Jussen gehört ein Katalog von Fragestellungen, von denen hier einige genannt seien: Wie kam die Auswahl der kaum überschaubaren Motive zustande und welche Vorlagen benutzten die Künstler bei der Gestaltung der Sammelbilder? Welche Rolle spielte dabei die mögliche Orientierung auf den potentiellen Käuferkreis? Zu welchem Zeitpunkt tauchten welche historischen Ikonographien auf und wann verschwanden sie wieder (Motivwanderung)? Welchen Zusammenhang ist zwischen der (meist in Museen hängenden) Historienmalerei und den Massenbildern zu konstatieren? Welche historischen Imagination, welche Geschichtsbilder/Weltbilder transferierten die Sammelbilder in das kollektive Bildgedächtnis einzelner Gesellschaftsschichten? Wie zügig wurden neue politische Entwicklungen in das Medium Sammelbilder übersetzt? Waren die historischen Ikonographien allein durch marktwirtschaftliche Interessen geprägt oder nahmen etwa auch die politischen Machthaber und andere Interessengruppen Einfluss auf die Bildproduktion? Welche Bedeutung kommt den Text-Bild-Zusammenhängen für die Generierung von kollektivem Bildwissen bei den Bildunterschriften, den

Fließtexten in den Sammelalben oder der Rückseitenaufdrucke der Bilder zu?

9 Vgl. Pascal Grosse: Zwischen Privatheit und Öffentlichkeit. Kolonialmigration in Deutschland, 1900–1940, in: Birthe Kundrus (Hg.): Phantasiereiche. Zur Kulturgeschichte des deutschen Kolonialismus, Frankfurt a. M./New York 2003, S. 91–109, hier 97.

10 Vgl. Pieterse: White on Black, S. 77.

11 So Reichskanzler Bernhard von Bülow 1897 in einer Rede vor dem Reichstag.

12 Weyers/Köck: Die Eroberung der Welt, S. 90. Erich Wasem (Das Serienbild. Medium der Werbung und Alltagskultur, Dortmund 1987) merkt zu den Jahrzehnten nach dem Ersten Weltkrieg an: »Die relativ häufige Darstellung der ehemaligen deutschen Kolonien lag ganz auf der Linie des Nationalismus.« (S. 79)

13 Lorenz: Liebigbilder, S. 5.

14 Stollwerck-Bilder und Ähnliches, in: Jugendschriften-Warte 8. Jg., Nr. 9, Sept. 1900, S. 33. Diesen Hinweis verdanke ich Jeff Bowersox.

15 Maria Do Mar Castro Varela/Nikita Dhawan: Postkoloniale Theorie. Eine kritische Einführung, Bielefeld 2005, S. 88. Weiter heißt es dort: »Gerade diese Abhängigkeit von den *Anderen* ist es, welche die Identität der Kolonisatoren immer gleichzeitig stabilisiert und untergräbt.«

16 Vgl. Munasu Duala M'bedy: Xenologie. Die Wissenschaft vom Fremden und die Verdrängung der Humanität in der Anthropologie, Freiburg/München 1977. Zum Bild des Afrikaners in der deutschen Kultur vgl. Peter Martin: Schwarze Teufel, edle Mohren, Hamburg 1993. Martin, Peter/Alonzo, Christine (Hg.): Zwischen Charleston und Stechschritt. Schwarze im Nationalsozialismus. Hamburg/München 2004. Grundlegend zu dieser Thematik ist ebenso Urs Bitterli: Die »Wilden« und die »Zivilisierten«. Grundzüge einer Geistes- und Kulturgeschichte der europäisch-überseeischen Begegnung, 2. Aufl., München 1991.

17 Vgl. Homi K. Bhabha: Die Verortung der Kultur, Tübingen 2000 (zuerst London 1994). Zu den *postcolonial studies* vgl. u. a.: Susanne Zantop: Colonial Fantasies. Conquest, Family and Nation in Precolonial Germany, 1770–1870, London 1997; Ann-Laura Stoler/Frederick Cooper: Between Metropole and Colony. Rethinking a Research Agenda, in: dies. (Hg.): Tensions of Empire. Colonial Cultures in a Bourgeois World, Berkeley 1997, S. 1-57; Russell A. Berman: Enlightenment of Empire. Colonial Discourse in German Culture, Lincoln/London 1998; John McLeod: Beginning Postcolonialism, Manchester u. a. 2000; Sebastian Conrad/Shalini Randeria (Hg.): Jenseits des Eurozentrismus. Postkoloniale Perspektiven in den Geschichts- und Kulturwissenschaften, Frankfurt a. M/New York 2002.

18 Zit. nach: Amandus Acker: Die Erziehung der Eingeborenen zur Arbeit in Deutsch-Ostafrika, in: Jahrbuch über die deutschen Kolonien I, 1908, S. 117–124, hier 123.

19 Henning Melber: Der Weißheit letzter Schluß. Rassismus und kolonialer Blick, Frankfurt a. M. 1992, S. 9.

20 Vgl. Ciarlo 2003, S. 147 f. Ciarlo weist zu Recht daraufhin, dass sich die koloniale und rassistische Bildersymbolik in einem langwierigen und komplexen Prozess herausgebildet hat.

21 Vgl. zur Geschichte der Hautfarbe: Valentin Groebner: »Haben Hautfarben eine Geschichte?«, in: Zeitschrift für historische Forschung, Bd. 30, 2003, S. 1–18.

22 Pieterse: White on Black, S. 234.

23 Wenn hier das Beispiel Afrika aufgegriffen wird, dann steht der Kontinent stellvertretend auch für die zuvor schon von Europa kolonisierten Überseegebiete in den beiden Amerikas, Asien und Australien. Auf Gemeinsamkeiten und Unterschiede in der Darstellung der Erdteile unter kolonialer Fremdherrschaft kann an dieser Stelle nicht eingegangen werden. Dass Afrika in der Fremdwahrnehmung meist als Einheit rezipiert wird, birgt die Gefahr einer Stereotypisierung. Die Vielzahl von Ländern und Kulturen, die der Riesenkontinent beherbergt, wird damit tendenziell ignoriert, jedenfalls nur in pauschalisierender Weise wahrgenommen.

24 So beispielsweise der bezeichnende Buchtitel von Hans Rafalski: Vom Niemandsland zum Ordnungsstaat. Geschichte der ehemaligen Landespolizei Deutsch-Südwestafrikas, Berlin 1930.

25 Vgl. Alexander Honold: Caput Nili. August 1898: Richard Kandt gelingt die letzte Entdeckung der Nilquelle, in: Honold/Scherpe: Mit Deutschland um die Welt, S. 226–235, hier 233.

26 In Anlehnung an Winfried Speitkamp: Die Jugendarbeit der deutschen Kolonialbewegung in der Zwischenkriegszeit, in: Historische Jugendforschung. Jahrbuch des Archivs der deutschen Jugendbewegung, NF Band 2/2005, Schwalbach/Ts. 2006, S. 69–83, hier 75 ff. Speitkamp analysiert das Bild von den Kolonien im Spiegel der kolonialen Jugendzeitschrift *Jambo*.

27 Vgl. dazu auch Lorenz: Liebigbilder, S. 6.

28 Darauf verweisen mit Recht Leucht/Menne: Konzeption und Konstruktion, S. 286 ff. Vgl. auch zum Folgenden ebd.

29 Anne McClintock: Imperial Leather. Race, Gender and Sexuality in the Colonial Context, New York/London 1995; vgl. auch Wolter: Die Vermarktung des Fremden, S. 40. Nach diesem Warenrassismus existiert der »Andere« lediglich als Objekt europäischer Konsumwünsche.

30 Vgl. Wolter: Die Vermarktung des Fremden, S. 193.

31 Vgl. zum Kontext von Jugend- und Kolonialbewegung: Historische Jugendforschung. Jahrbuch des Archivs der deut-

schen Jugendbewegung, NF Band 2/2005, Schwalbach/Ts. 2006.

32 Vgl. Völkerschau im Unterricht 1994; Frevert/Rautenstrauch/Rickling: Kolonialismus.

33 Die Kolonialkarikatur, die selbst viele Stereotype reproduzierte, wollte zwar den Kolonialismus nicht an sich in Frage stellen, aber doch dessen brutale Methoden offenlegen. Mit ihrem Sarkasmus demaskierte sie die autoritätsgläubige Gesellschaft des Wilhelminismus und der Weimarer Zeit. Kolonialkritische – in seltenen Fällen geradezu antikolonialen – Bildprogramme sind am ehesten in der Satirezeitschrift *Simplicissimus* zu finden. Die Ausgaben des *Simplicissimus* von 1896 bis 1944 können seit kurzem online eingesehen werden: http://www.simplicissimus.com/. In diesem Zusammenhang ist noch darauf hinzuweisen, dass es eine kolonialkritische Bildkunst in Deutschland vor und nach dem Ersten Weltkrieg fast überhaupt nicht gegeben hat. Eine Ausnahme stellen etwa die Collagen von Hannah Höch (1889–1978) oder die Zeichnungen von Adolf Uzarski (1885–1970) dar.

34 Weyers/Köck: Die Eroberung der Welt, S. 89.

35 Vgl. Leucht/Menne: Konzeption und Konstruktion, S. 288 u. 303.

36 So die Feststellung von Weyers/Köck: Die Eroberung der Welt, S. 85, 91.

37 Vgl. Heinz P. Mielke: Vom Bilderbuch des kleinen Mannes. Über Sammelmarken, Sammelbilder und Sammelalben, Köln 1982 (Schriften des Museumsvereins Dorenberg e.V., Bd. 36). Das Motto lautete: »Reklame im Dienste der Volksbildung«, zit. nach: Wasem: Das Serienbild, S. 54.

38 Aufschlussreiche Parallelen bestehen hier zum Massenmedium der Bildpostkarte als Spiegel von Mentalitäten und Untertanenerziehung. Vgl. dazu Otto May: Deutsch sein heißt treu sein. Ansichtskarten als Spiegel von Mentalität und Untertanenerziehung in der Wilhelminischen Ära (1888–1918), Hildesheim 1998.

39 Vgl. http://www.iwalewa.uni-bayreuth.de/presseerklaerung_A_Reklamekunst.htm (Zugriff am 6.4.2007).

40 So auch das Resümee von Martin: Schwarze Teufel, S. 328.

41 Fritz: Negerköpfe, S. 141.

42 George L. Mosse: Die Geschichte des Rassismus in Europa, Frankfurt a. M. 1993, S. 9 (Hervorhebung JZ).

Abbildungsnachweis

Fast sämtliche in diesem Band gezeigten Bilder stammen aus der Sammlung Willi Goffart. Einige wurden aus anderen Sammlungen beigesteuert:

Sammlung Volker Ilgen: S. 198, Nr. 70 bis 76.
Sammlung Joachim Krüger: S. 135, Nr. 23.
Sammlung Detlef Kupgisch: S. 18 oben; S. 73, Nr. 39/40; S. 95, Nr. 50; S. 129, Nr. 12; S. 132, Nr. 16; S. 134, Nr. 19 bis 22; S. 157, Nr. 9/10; S. 166, Nr. 1; S. 167, Nr. 2; S. 168, Nr. 4; S. 169, Nr. 6/7; S. 182, Nr. 37; S. 208, Nr. 6.
Sammlung Bernd Labenski: S. 139, Nr. 31.
Sammlung Ursula Trüper: S. 32, Nr. 13; S. 69, Nr. 33; S. 172, Nr. 14/15; S. 219, Nr. 30.
Sammlung Joachim Zeller: S. 9; S. 36, Nr. 1 bis 3; S. 37, Nr. 4 bis 6; S. 91, Nr. 42/43.

Zum Autor

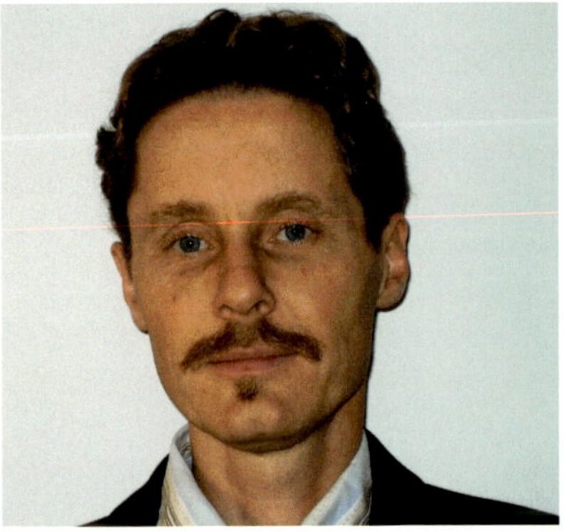

Joachim Zeller

Jahrgang 1958, geboren in Swakopmund/Namibia; Studium der Fächer Geschichte, Kunst und Deutsch in Berlin und Frankfurt a. M.; Dr. phil.; lebt als Historiker in Berlin. Zahlreiche Veröffentlichungen zur Kolonial-, Denkmal- und Fotogeschichte.
Bisher im Ch. Links Verlag erschienen: »Völkermord in Deutsch-Südwestafrika. Der Kolonialkrieg 1904–1908 in Namibia und seine Folgen« (Mitherausgeber, 2003).